# NOUVELLE EXPOSITION

DE LA

## MÉTHODE

DE

# M. JACOTOT,

PAR B. GONOD.

# NOUVELLE EXPOSITION

## DE LA

# MÉTHODE

### DE

# M. JACOTOT,

### JUSTIFIÉE PAR LES AUTORITÉS LES PLUS GRAVES;

#### AVEC

Tous les détails de son application aux objets les plus ordinaires de l'Enseignement : Lecture, Écriture, Grammaire, Langue française et Composition; Langue latine, Géographie, Histoire, Mathématiques, Dessin, Musique, et la manière de l'introduire dans les Colléges;

#### SUIVIE

### D'UN RECUEIL DE COMPOSITIONS FRANÇAISES FAITES D'APRÈS LA MÉTHODE,

### ET DE LA BIBLIOGRAPHIE DE L'ENSEIGNEMENT UNIVERSEL.

## PAR B. GONOD,

#### PROFESSEUR AU COLLÉGE ROYAL DE CLERMONT, BIBLIOTHÉCAIRE, ET MEMBRE DE L'ACADÉMIE DE LA MÊME VILLE.

*Si quid novisti rectius istis,*
*Candidus imperti; si non his utere mecum.*
Hor. Ep. 1, 6.

## PARIS,

### LIBRAIRIE CLASSIQUE DE MAIRE-NYON,

#### Quai Conty, n° 13.

#### CLERMONT-FERRAND, IMPRIMERIE DE THIBAUD-LANDRIOT.

### JANVIER 1830.

*Faute essentielle à corriger dans quelques exemplaires.*

Page 67, ligne 5, lisez *accidens*, au lieu d'*antécédens*.

# PRÉFACE.

DEPUIS quelque temps la Méthode à laquelle M. Jacotot a donné son nom, occupe l'attention publique. Elle a de nombreux partisans, comme elle a aussi des détracteurs. Mais est-elle bien connue des uns et des autres? c'est ce dont il est permis de douter, quand on voit les principes sur lesquels elle se fonde absolument méconnus, et quand on entend sans cesse reproduire des objections mille fois réfutées.

Mais pourquoi cette Méthode est-elle si peu connue? Les nombreux ouvrages qu'elle a fait naître, ne l'exposent-ils pas convenablement? cela est peut-être vrai; mais la cause la plus certaine de l'ignorance où l'on est généralement à son égard, tient à l'habitude que l'on a de lire rapidement et superficiellement, de se contenter de *parcourir*, un livre que l'on devrait méditer; puisque l'ouvrage même le plus léger, le conte le plus frivole, pour être *bien* connu, a besoin d'être lu et relu plusieurs fois.

Parmi les ouvrages qui traitent de la Méthode, il faut distinguer ceux du Fondateur, de ceux de ses disciples.

Ceux du Fondateur, écrits en forme de conversation avec ses élèves, ne sont point ce qu'attend le vulgaire des lecteurs, qui comptent sur un Traité méthodique, régulièrement divisé en *tant* de parties, de chapitres et de paragraphes;

iv

et qui, au milieu des principes, des exercices, des objections et de leurs réponses, perdent facilement le fil des idées, surtout dans des lectures rapides et souvent interrompues. Il y a aussi beaucoup de personnes entre les mains desquelles le hasard a fait tomber le volume qui concerne les *langues étrangères* ou la *musique*, avant celui de la *langue maternelle*, qui est la clef de tous les autres ; et on ne doit pas s'étonner alors du défaut de liaison et d'explications suffisantes dont elles se plaignent.

D'un autre côté, le Fondateur comptant, avec raison, sur la vérité et la solidité de ses principes, et ayant pour lui l'autorité des *faits*, a négligé celle des noms propres, qui est plus puissante sur les nombreux lecteurs qui n'ont souvent ni le temps, ni la volonté d'examiner.

Quoi qu'il en soit, M. Jacotot a forcé l'Europe, depuis long-temps inondée de méthodes *perfectionnées* qu'elle ignore, de s'occuper de la sienne ; succès qu'il n'eût vraisemblablement pas obtenu avec un Traité explicateur et méthodique.

Quant aux ouvrages de ses disciples, plusieurs de ceux que je connais sont écrits dans le véritable esprit de la méthode, mais m'ont paru laisser à désirer des choses importantes, et surtout cette *marche toute tracée* que réclament beaucoup de lecteurs, persuadés qu'il y a une marche nécessaire et qu'ils croient difficile. D'autres renferment des principes qui ont été désavoués par M. Jacotot lui-même, et sont en opposition avec une Méthode devenue, malheureusement, un objet de spéculation entre certaines mains, qui, par là même, lui portent les coups les plus terribles.

Ces diverses considérations m'ont déterminé à publier moi-même le fruit de mes recherches et de mon expérience sur cette méthode, dont les heureux résultats me frappent chaque jour davantage. Mon travail sera-t-il plus complet, plus clair, plus fidèle aux principes de M. Jacotot, que ceux des autres amis de sa Méthode?

Quoique ç'ait été là mon but, je ne me flatte point de l'avoir atteint, et j'éprouve le plus vif regret de n'avoir pu, avant de le publier, soumettre mon manuscrit à M. Jacotot lui-même, qui, d'une main amie et complaisante, aurait sans doute effacé les taches, corrigé les erreurs, comblé les lacunes....; mais la distance qui nous sépare a été un obstacle trop difficile à vaincre.

Si j'ai quelque confiance en mon travail, c'est que je l'ai composé entièrement sous les inspirations d'un jeune et savant disciple et interprète de M. Jacotot, de M. l'abbé Deshoulières, qui, après avoir obtenu dans cet enseignement les plus heureux succès au Petit-Séminaire de Clermont où il professait la seconde, est allé sur un plus grand théâtre en préparer de nouveaux, et qui seront décisifs pour la propagation de la Méthode, par l'éclat qu'ils peuvent acquérir.

J'espère donc que les personnes qui, sentant le vice de l'ancien système, en appelaient un nou-

vj

veau de tous leurs vœux, et désiraient connaître
celui de M. Jacotot, trouveront dans cet opus-
cule, écrit tout entier sous la dictée de la bonne
foi et de la conscience, et en présence des faits,
les éclaircissemens qu'elles recherchent. Du reste,
pour plus de détails et de lumières, je les renver-
rai aux ouvrages du Fondateur, surtout à *l'enseignement de la langue maternelle*, qui, *lus*, *relus*
et médités, seront toujours la source la plus pure,
et la plus féconde où l'on pourra puiser le véritable esprit de la Méthode.

Je dois dire ici quelques mots de ses détracteurs, et je crois d'abord pouvoir avancer avec
vérité qu'il en est peu qui la connaissent, qui en
aient examiné les *principes*, les *exercices*, le *but*,
les *résultats*.

Les *principes* : Quoiqu'ils se trouvent énoncés
et exposés à chaque page des ouvrages de M. Jacotot, on ne les voit pas, et on s'attaque à ses opinions particulières (1).

______

(1) Le grand champ de bataille de ceux qui combattent la Méthode,
sans la connaître, c'est *l'opinion* de *l'égalité des intelligences* ; mais y a
t-il un seul des exercices de la Méthode, qui soit fondé sur ce principe?
Ce n'est là qu'une *opinion* particulière du Fondateur, opinion qu'il partage avec des philosophes estimés, Descarte, Newton, Cousin, etc.
(voy. p. 25). On a regardé cette opinion comme immorale ; elle inspire
l'orgueil, dit-on. Comment cela se pourrait-il ? L'orgueil ne consiste-
t-il pas à vouloir s'élever au-dessus des autres ? Et les partisans de l'opinion contraire, ne pourraient-ils pas être soupçonnés d'en être atteints?
Se rangent-ils dans la classe de ceux qui ont plus, ou de ceux qui ont
moins d'intelligence? Voyez le rédacteur anonyme d'un article du Lycée:
« Parmi ces hommes qui se sont faits apôtres de la nouvelle religion-
» méthode, dit-il, on en chercherait vainement un qui ne puisse ga-
» gner, en effet, beaucoup à l'égalité des intelligences » ( p. 33o). Un

Les *exercices* : Ou on ne les examine pas, ou, pour les examiner, on ne tient nul compte de l'état d'ignorance où sont, où doivent être les enfans, et alors on les trouve d'*une simplicité à faire peur ;* ou, avant tout essai, on les déclare supérieurs à l'intelligence des enfans.

Le *but* : On feint de ne pas le voir, et la mauvaise foi se couvrant (par pudeur, sans doute), du voile de l'anonyme, est allée jusqu'à accuser M. Jacotot de *former des machines !*

Les *résultats* : Quand on en rabattrait ce que l'enthousiasme y a peut-être ajouté, ne faudrait-il pas du moins, pour les juger, les comparer aux si pauvres résultats de l'ancien système ?

Le mauvais ton qui règne dans certains écrits en faveur de la Méthode ; les expressions injurieuses qu'on a parfois adressées aux partisans de l'ancienne, dans l'enthousiasme de la nouvelle ; quelques faits probablement mal vus, et par conséquent mal interprétés, et d'autres causes semblables, ont prévenu beaucoup de personnes contre une méthode qui, cependant, aux yeux de la raison et de la justice, ne saurait être la complice des fautes, des erreurs, des opinions personnelles, des travers, ni même des torts de ceux qui la défendent.

M'adressant donc à ces personnes prévenues, j'en appelle de Philippe *mal instruit à Philippe*

---

peu plus bas, à l'appui de son opinion, il invoque le témoignage des *hommes les plus étrangers à toute étude philosophique* ( p. 334 ). Singulier moyen de trouver la solution d'une question toute philosophique!

viij

*mieux informé ;* je leur demande un nouvel examen, et j'espère leur conversion.

Des ennemis de la nouvelle Méthode subsiste-
ront néanmoins, parce qu'il y a des passions sou-
levées, des amours-propres blessés, des intérêts
froissés ; parce qu'il y aura toujours des hommes
qui prendront leurs préjugés et leurs habitudes
pour la perfection et la vérité ; enfin, parce que
toujours il y aura des yeux qui refuseront de
s'ouvrir à la lumière.

Mais en dépit de tous les obstacles, et par
une suite de cette loi de la nature, qui veut
que *toutes les fois que l'esprit du passé et l'esprit
de l'avenir se trouvent aux prises, l'avantage reste
nécessairement à l'esprit nouveau* (1), l'enseignement universel triomphera. Peut-être que ceux
qui ne trouvent aujourd'hui, dans les ouvrages
de M. Jacotot, que *rêveries, pasquinades, démence,
ivresse,* etc., finiront par lui disputer l'honneur
de sa découverte ; parce que *l'on accuse d'abord
les grands hommes de se tromper, et on finit par les
traiter de plagiaires* (2). Mais, nous n'en doutons
pas non plus, tous les esprits droits, et surtout
les générations qui profiteront du bienfait de
l'enseignement universel, rendront toute justice
au Fondateur, et le dédommageront des suffrages
dont la légèreté, l'ignorance ou l'envie voudraient
le priver aujourd'hui.

---

(1) Cousin, *Cours de l'hist. de la phil.*, 1828, 9<sup>e</sup> leçon, page 36.
(2) D'Alembert parlant de Newton, *Discours prélim. de l'Encycl.*

# EXPOSITION

## ET APPLICATION

## DE LA MÉTHODE

### DE

## M. JACOTOT.

## PREMIÈRE PARTIE.

### EXPOSITION.

### I. CONSIDÉRATIONS PRÉLIMINAIRES.

L'INSTRUCTION fut toujours considérée par les bons esprits comme une source de biens également féconde pour la société et pour les individus.

Mais le cercle des connaissances humaines s'étant considérablement agrandi, on éprouve de jour en jour avec plus de force la nécessité de savoir plus et de savoir mieux (1), et cette nécessité a fait sentir à son tour

---

(1) « Tout a changé autour de nous; les idées ont pris et continuent de prendre des directions nouvelles; institutions, lois, mœurs, opinions, rien ne ressemble à ce que virent nos pères....... Il est nécessaire d'apprendre AUTREMENT et d'apprendre *davantage.* » (DE LA MENNAIS, *des progrès de la révol.*, page 277.)

« Une grande révolution s'est opérée dans l'esprit humain : ce phénomène, dont il n'y avait point encore d'exemple, le retour à l'indépendance par les lumières, la rencontre de la civilisation et de la liberté,

celle de perfectionner les moyens d'acquérir un bien reconnu si précieux.

Depuis long-temps des hommes d'Etat, des philosophes, des hommes amis de leurs semblables, se sont occupés de cette recherche si digne de leurs méditations, et, dans leurs nombreux ouvrages, on trouve des observations du plus haut intérêt.

Mais, il faut le dire, ils ont plutôt aperçu et signalé les vices des méthodes existantes, qu'ils n'en ont vu les causes et indiqué les remèdes. C'est presque toujours dans l'art des hommes qu'ils ont recherché des plans et des systèmes auxquels ils auraient trouvé des bases plus solides dans l'observation de la nature.

Aussi ils n'ont pu venir à bout de détrôner les préjugés, et de vaincre cette routine qui, depuis tant de siècles, loin de soutenir, de diriger l'esprit, et de mettre en action ses forces, n'était bonne qu'à le retarder, à l'entraver, et à lui faire perdre son énergie et son activité naturelles.

De nos jours cependant un homme s'est rencontré, qui, plein de la lecture de nos philosophes, accoutumé à les comparer et à examiner le fondement de leurs doctrines, attentif à observer lui-même et à interroger la nature, doué d'une force de volonté peu commune, et, par-dessus tout, l'ami des hommes, l'ami des pauvres, vient de préparer, que dis-je ? d'opérer une révolution dans l'enseignement ; révolution pacifique, révolution bienfaisante, dont la postérité seule pourra apprécier les immenses conséquences.

---

amène de force un changement dans l'ordre social ; l'instruction publique, fille aînée de l'éducation, doit participer de ce changement. » ( DE CHATEAUBRIAND , *Encyc. mod.*, art. *Instruction publique.* )

De toutes les inventions possibles, la plus utile, en effet, aux progrès des lumières, celle qui doit exercer sur les destinées du genre humain la plus puissante influence, c'est, à nos yeux, la découverte d'une bonne méthode d'enseignement, qui donne à tout homme le moyen le plus assuré de s'avancer rapidement dans les lettres et les sciences ; aussi disons-nous sans crainte que M. Jacotot (1) a marqué sa place au premier rang des bienfaiteurs de l'humanité, en donnant au monde son système d'enseignement universel.

Peu d'hommes pouvaient, aussi facilement que M. Jacotot, saisir la marche véritable que l'esprit humain doit suivre pour le développement de ses facultés. Placé, par l'étendue et la variété de ses connaissances, au centre des sciences, il a pu, plus aisément que tout autre, saisir leurs rapports et les liens qui les unissent.

D'abord avocat, il devint successivement professeur d'humanités, capitaine d'artillerie, secrétaire intime d'un ministre, substitut du directeur de l'école polytechnique, professeur d'idéologie, de langues anciennes, de mathématiques transcendantes, professeur à l'école de droit, député au Corps législatif, professeur de littérature française à Louvain, enfin directeur-surveillant de l'école normale militaire en Belgique, où il s'est volontairement retiré auprès d'une partie de sa famille. C'est là surtout qu'il s'est fait connaître par les bienfaits de sa méthode, dont les heureux résultats lui ont valu, de la part du roi des Pays-Bas, la décoration du Lion belgique, seule récompense

---

(1) Né à Dijon le 4 mars 1770.

qu'il ait consenti à accepter. Il en trouve sans doute une bien douce dans les services qu'il rend tous les jours.

M. Jacotot a donné à sa méthode le nom d'ENSEIGNEMENT UNIVERSEL, par la raison qu'elle peut être employée, avec un succès également certain, dans l'enseignement de TOUTE ESPÈCE de connaissances ; et c'est là ce qui lui donne d'abord le caractère distinctif de la vraie méthode. Quelle que soit, en effet, la différence de nos acquisitions en idées ou en signes propres à les représenter, ce sont toujours les mêmes facultés qui opèrent et qui agissent ; l'objet varie, mais la marche de l'esprit est toujours la même ; le moyen d'acquisition doit donc aussi être le même : la même méthode, si elle est la meilleure, doit s'appliquer à tout.

Mais il est un avantage plus inappréciable encore dans le mode indiqué par M. Jacotot ; c'est que, sans maître *explicateur*, on peut étudier *seul*, et s'élever ainsi au plus haut degré d'instruction, ou, ce qui revient au même, on peut, non pas expliquer, non pas enseigner, mais faire apprendre à son élève ce qu'on ignore soi-même. C'est pour cela que le fondateur proclame avec raison sa méthode l'*émancipation intellectuelle* du genre humain : découverte sublime et infiniment chère à tous les amis de l'humanité, puisqu'elle ouvre à tous les *hommes d'une volonté ferme* la carrière de l'instruction, et leur fournit les moyens de *se mettre en toute valeur tant pour eux que pour leurs semblables* (1).

---

(1) Talleyrand-Périgord. — Rapport sur l'instruct. publique, page 7. Voir Résumé de la méthode, par Lasteyrie, page VIII.

## II. OBSERVATIONS QUI ONT CONDUIT A LA MÉTHODE.

Le fondateur de l'enseignement universel a étudié la manière dont nous acquérons toutes nos connaissances, et il a observé la marche de la nature, *surtout* dans les enfans apprenant la langue maternelle.

Or, il a vu, ainsi que d'autres bons observateurs dont nous citerons les témoignages,

1°. Que les enfans apprennent d'abord les mots;

2°. Que, par la répétition, ces mots se gravent dans leur mémoire, et finissent par se trouver toujours à leur disposition au premier signal de la volonté;

3°. Que *seuls*, sans principes et sans règles, ils parviennent à démêler d'abord le sens des phrases, puis celui des mots, en les comparant soit au langage d'action des personnes qui parlent devant eux, et qui est une véritable traduction, soit aux idées qu'ils ont déjà acquises. (Pour ces trois observations, voir Rousseau, *Emile*, liv. I; Lemare, *Langue latine*, chap. Ier et IIIe, et surtout St Augustin, *Confess.*, liv. Ier, chap. VIII.)

## III. PRINCIPES FONDAMENTAUX DE LA MÉTHODE.

D'après ces observations, M. Jacotot a établi, comme fondement de sa méthode, ces trois principes :

Il faut Apprendre,

—— Répéter,

—— COMPARER.

Nous avons tous *appris*, *répété*, *comparé*; nous n'avons même rien appris que par ces moyens. « *L'enseignement universel n'est donc pas une nouveauté* » (dit Jacotot, *Lang. mat.*, p. 83). Mais ces opérations, nous les avons faites au hasard et sans nous en rendre compte.

Dans les observations suivantes, nous allons voir

ce qu'il faut apprendre, combien, pourquoi, et comment il faut répéter et comparer, pour rentrer dans la voie de la nature ; voie que nous suivions dans notre enfance, mais dont nous avons tous été plus ou moins détournés par ces méthodes bizarres que nous ont léguées les siècles d'ignorance et de barbarie (Fleury, *Du choix et de la méthode des études*, art. IX), qui ne sont que des obstacles au développement des facultés de l'âme (Condillac, *Log.*, chap. 1); et contre lesquelles s'élèvent aujourd'hui d'unanimes réclamations.

### IV. OBSERVATIONS SUR LES PRINCIPES.

I<sup>er</sup> *Principe :* IL FAUT APPRENDRE QUELQUE CHOSE.

Comme l'homme ne sait rien en naissant, et qu'il ne peut jamais savoir que ce qu'il a appris, ce principe est incontestable, et il est incontesté.

Mais, que faut-il d'abord apprendre? faut-il, comme dans les anciennes méthodes, commencer par des axiomes, des préceptes, des définitions, qu'on nomme les *principes*? Mais ces axiomes, ces préceptes, ces définitions, n'étant que des conséquences et le résultat général d'observations faites sur une science, commencer par étudier les observations des autres, c'est évidemment faire une route différente de la leur, c'est commencer par où ils ont fini, c'est marcher à rebours et contre la nature.

D'après cette observation, et convaincu, avec raison, qu'on ne peut concevoir les réflexions que lorsque l'on connaît les faits qui leur servent de base, M. Jacotot exige que l'élève voie d'abord ces faits, pour les décomposer, qu'il les compare, et s'en rende compte à lui-même.

C'est ainsi que la nature nous apprend à parler sans nous faire étudier des syntaxes et des classifications grammaticales; c'est ainsi qu'elle exerce notre pensée, sans nous expliquer comment on pense; c'est ainsi qu'elle nous apprend à calculer, sans nous faire étudier d'obscurs théorèmes.

Apprendre à parler par les règles de la grammaire, c'est apprendre à marcher par les lois de l'équilibre (Bernardin de St-Pierre).

« Si vous commencez l'apprentissage d'une langue par la pratique, c'est-à-dire, *par la très-constante habitude d'entendre* (ou de lire), *puis de répéter des choses bien dites*, et qu'ensuite vous affermissiez cet usage par l'étude des règles, par la connaissance de la grammaire; voilà le vrai chemin. Telle est la route connue de tout temps, la plus agréable et l'unique sûre..... Si vous commencez l'apprentissage par le raisonnement; si, sans aucun usage préalable de la langue, vous prétendez, sous la direction d'une grammaire, passer d'une première règle à celles qui viennent ensuite à la file, et que vous comptiez arriver à votre but, en fournissant d'un jour à l'autre une tâche de quelques lignes mises par écrit suivant telle et telle règle; cette route est bien longue, ou vous arriverez fort tard, ou vous n'arriverez jamais..... » (Pluche, *Mécanique des langues*, page 40; voyez à la suite les preuves et les exemples.)

Ce que Bernardin de St-Pierre et Pluche disent de l'étude des langues, M. Jacotot l'applique à l'étude de toutes les sciences humaines.

A cette première idée, *il faut apprendre*, et *n'apprendre d'abord que des faits*, M. Jacotot en joint de suite une autre : *apprendre peu;* pensant avec raison que l'étude approfondie d'un petit nombre de faits suffit pour présenter à l'élève une base solide sur laquelle il appuiera le reste de la science.

En effet, dans tous les arts, dans toutes les sciences, les élémens constitutifs ne sont qu'en petit nombre, et se trouvent contenus dans un petit espace. Par leur combinaison, ils produisent, il est vrai, des effets variés à l'infini ; mais l'homme peut discerner, par l'analyse et la comparaison, ces élémens qui, combinés, lui faisaient apparaître comme inconnus des objets connus depuis long-temps. Ainsi l'on retrouve facilement dans quelques pages les sept ou huit cents syllabes radicales qui composent toute langue (1) ; ainsi toutes les règles de l'art oratoire, comme toutes les lois de la nature, se retrouvent et peuvent se lire dans un petit nombre de faits.

En conséquence, M. Jacotot donne à ses élèves, pour l'étude des langues comme pour celle des sciences, un *Epitome* ou *Manuel*, assez court pour être bientôt appris et récité souvent, et assez long néanmoins pour contenir à peu près tous les faits à observer.

---

(1) C'est une observation que fait aussi l'abbé Pluche :

« Malgré le grand nombre de mots, dit-il, personne n'ignore que dans chaque langue les parties fondamentales de toutes nos phrases, et même les syllabes auxiliaires qui diversifient le commencement ou la fin des mots pour en fixer les fonctions, sont en si petit nombre, qu'un enfant les saisit en peu de jours, et les débrouille nettement. » ( *Mécanique des langues*, page 11.

Bacon fait l'observation d'une manière plus générale.

« *Si quis in omnem illam librorum varietatem, quâ artes et scientiæ exsultant, diligentiùs introspiciat, ubique inveniet ejusdem rei repetitiones infinitas, tractandi modis diversas, inventione præoccupatas ; ut omnia primo intuitu numerosa, facto examine,* PAUCA *reperiantur.* » ( Nov. organ. in Præf., pag. 2. )

Pour reconnaître et assurer le fruit de cette première étude des faits, M. Jacotot indique un exercice dont une longue expérience lui a démontré les grands avantages ; il lui a donné le nom de *raconter*.

On entend, en général, par raconter, exposer en parlant les faits dont on a été témoin, ou redire à quelqu'un ce qu'une autre personne nous a dit à nous-mêmes. *Raconter* signifie donc dans M. Jacotot, réciter ce que la mémoire nous fournit de ce que nous n'avons vu ou entendu qu'*une* fois.

Raconter est infiniment préférable à réciter. L'enfant qui récite est passif ; sa mémoire le sert souvent sans qu'il y ait attention de sa part ; tandis que celui qui n'a vu qu'une fois et qui raconte, doit penser aux faits dont il a été témoin. En récitant, l'élève ne s'exerce pas à faire usage de ce qu'il sait ; au contraire, en racontant, il est actif, et fait des efforts pour combiner et employer ce qu'il a retenu.

Il faudra donc que les élèves *racontent*. Quand même, dans le principe, ils n'auraient retenu que peu de chose ; quand ils intervertiraient l'ordre des pensées et des mots ; il ne faut point s'en étonner ni s'en effrayer : cet exercice produira toujours d'excellens résultats (1).

Il est à remarquer qu'il est applicable à l'étude de toutes les sciences ; car, selon l'observation de Condillac, toutes les sciences peuvent être considérées comme des

---

(1) Cette espèce d'improvisation leur donne une facilité à exprimer leurs idées de vive voix et par écrit ; ce qui non-seulement contribue au développement de leur intelligence, mais leur fait contracter une habitude non moins utile aux travaux de l'esprit, que nécessaire dans le commerce de la vie. (LASTEYRIE, p. XXXIII.)

langues plus ou moins bien faites; et, à ce propos, il indique lui-même l'exercice dont nous parlons.

« Apprendre une langue, dit-il, c'est se la rendre familière; ce qui ne peut être que l'effet d'un long usage. Il faut donc lire avec réflexion, à plusieurs reprises, PARLER SUR CE QUE L'ON A LU, et relire encore pour s'assurer d'avoir bien parlé. » ( *Log.*, 2ᵉ part., ch. 9.)

Cet exercice peut se faire de vive voix et par écrit. Il est recommandé par le judicieux abbé Pluche (*Mécan. des lang.*, p. 202, 220), et par un ancien professeur de l'université, cité par M. de Bigault-d'Harcourt, dans son intéressant ouvrage : *De la manière d'enseigner les humanités d'après les autorités les plus graves* (p. 30).

Apprendre par cœur est le travail qui effraie et rebute le plus généralement la jeunesse; et il n'est pas rare de rencontrer des enfans qui disent qu'ils n'ont point de mémoire, et même qui en sont persuadés. C'est l'excuse de la paresse et de la légèreté. Ils n'ont point de mémoire! et, sans mémoire, sauraient-ils quelque chose? auraient-ils retenu le nom de leurs parens, de leurs camarades, de leurs jeux? manquent-ils de mémoire pour tout ce qui les touche de près et les intéresse vivement? Oui, ils éprouvent beaucoup de peine pour apprendre par cœur des livres français, latins ou grecs; mais n'est-ce pas ordinairement parce que leur esprit est emporté par des distractions continuelles? — Pour corriger cette fâcheuse disposition, on a imaginé l'exercice suivant, dont on a obtenu les résultats les plus satisfaisans.

### Exercice mnémonique.

L'élève lit d'abord une seule phrase, une seule fois; son livre fermé, il répète de vive voix ce qu'il en a retenu; peu ou beaucoup, n'importe. Il relit cette phrase en y ajoutant la suivante; et répète de la même manière. Il continue cet exercice sur tout un alinéa, sur toute une page, et le renouvelle tous les jours sans interruption; et tel qui, dans le principe, ne pouvait retenir une seule phrase, après quelque semaines, ou, au plus, quelques mois d'exercice, parvient à emporter d'une seule lecture des pages tout entières.

Si beaucoup d'enfans éprouvent de la difficulté pour apprendre des leçons latines et grecques, c'est aussi souvent parce qu'ils n'attachent aucun sens aux mots, et qu'ils ne lient point les idées. Pour les obliger à prendre ce soin qui est indispensable, le maître, avant de faire *réciter* une leçon latine ou grecque, doit souvent la faire *raconter* en français.

II<sup>e</sup> Principe : IL FAUT RÉPÉTER.

Par là M. Jacotot n'entend pas réciter une seule fois, ni même deux ou trois fois dans l'année, ce que l'on a vu dans les mois précédens ; mais il veut dire *répéter* TOUS *les jours, et à des heures fixes*, TOUT *ce que l'on a appris*, du Manuel ou Epitome dont nous avons parlé, page 8.

« Dans l'Enseignement universel, dit-il, la répétition est le point principal; c'est tout. On ne sait que ce que l'on a appris, on ne retient que ce que l'on répète ; on ne peut réfléchir que sur ce que l'on a retenu. La vieille méthode pèche surtout par le défaut de répétition. Là, comme chez nous, on exerce la mémoire, mais on ne répète que par hasard; la répétition se fait à l'insu de l'élève; à force de changer de livres, il revoit de temps en temps ce qu'il a vu, mais il ne s'en aperçoit qu'à la longue.... » (*Musique*, leçon VII<sup>e</sup>.)

Avant lui, Condillac (*Log.*, 2<sup>e</sup> part. ch. 1) avait dit que pour contracter une habitude, il n'y a qu'à faire, et que, pour la perdre, il n'y a qu'à cesser de faire ; et, long-temps avant Condillac, Montaigne avait observé que, dans son éducation, son esprit, semblable au tonneau des Danaïdes, allait sans cesse s'emplissant et se désemplissant. (*Essais*, liv. I, ch. 25.)

Ce résultat funeste de la non-répétition peut aller si loin, que l'on a vu des personnes oublier leur langue maternelle, pour avoir cessé de la parler quelques années.

D'ailleurs le but de la répétition n'est pas seulement d'empêcher d'oublier, il est encore de *faire voir mieux* et *davantage;* car dans un ouvrage quel qu'il soit, on n'a jamais tout vu.

C'est ce que sentirent Démosthène, qui copia huit fois, de sa main, l'histoire de Thucydide ; et Hooft, ce célèbre historien hollandais, qui, avant d'écrire, lut, dit-on, cinquante-deux fois Tacite. ( *Biographie univ.*, *art.* Démosthène *et* Hooft ; et *Revue britann.*, n° 45, page 181.)

Cicéron, selon son expression, *semper recolebat studia* (pro Arch. VI), et lorsqu'il envoie à son ami Trébatius son traité des *Topiques*, il l'engage à le lire attentivement, et à le relire souvent, lui promettant que, par ce moyen, il le comprendra seul. *Tu si attentè leges, si sœpiùs, per te omnia consequere ut certè intelligas* (Ep. ad fam. VII, 19). On sait qu'il avait recueilli et méditait sans cesse les harangues de Caton l'Ancien (*Encycl. port. Eloq.*, p. 12).

Homère et Platon étaient, avec la Bible, les manuels des Pères grecs ( *id.* p. 23).

Michel-Ange copiait toujours le même torse, et

lorsqu'il eut perdu la vue, il se faisait conduire auprès de ce modèle, pour en palper les formes.

Rousseau voulait que son élève répétât vingt fois, trente fois le même dessin. (*Emile*, II.)

C'était le principe de Bossuet dans l'éducation du Dauphin. (Voyez lettre LXIIIe.)

Haydn est devenu grand musicien en répétant sans cesse six sonates de Bach.

Racine lisait et relisait sans cesse Euripide; Bossuet, Tertullien; Fénélon et Virgile, Homère; Rousseau, Amyot; Boileau, Horace et Juvénal.....

Loyseau de Mauléon avait toujours les *Provinciales* à la main.

L'orateur doit avoir relu vingt fois, et vingt fois médité les chefs-d'œuvre d'éloquence de Rome et de la Grèce. (Parisot, *Précis d'éloq.*, p. 127.)

Les auteurs du *Catéchisme du concile de Trente* recommandaient aux chrétiens de relire sans cesse cet excellent ouvrage. *Sæpiùs explicetur* (disent-ils), *præ-legatur sæpiùs hic catechismus;* UNUS *sit præ manibus, hoc* UNO *utantur,* etc. (*Ex apparatu ad catech. conc. Trident.*, art. IV.)

Le conseil de la lecture d'un seul livre est donné et bien motivé dans Sénèque (Ep. 45), et dans Quintilien (liv. X, ch. 1er, et II, ch. 7e).

Il est une étude surtout que j'appellerai la compagne du travail et la nourrice du génie; c'est la lecture habituelle de quelque auteur excellent, dont le style et la couleur soient analogues au sujet que l'on traite. (Marmontel, *Elém. de littér.*)

Enfin, les résultats remarquables de la répétition d'un seul livre ont donné lieu au proverbe *Timeo hominem unius libri.*

La répétition, la simple répétition mécanique, contribue beaucoup à former des associations d'idées, associations dont nous parlerons dans l'article suivant.

### III<sup>e</sup> *Principe* : IL FAUT COMPARER.

J'arrive à ce troisième principe qui est à lui seul toute
la méthode de l'enseignement universel, puisqu'on n'a
appris que pour avoir des termes de comparaison, on
n'a répété qu'afin de les avoir sans cesse présens à
l'esprit.

Comparer deux objets, c'est les mettre en regard,
c'est les rapporter l'un à l'autre, pour voir leur ressemblance et leur différence.

« Pour peu qu'on ait réfléchi sur l'origine de nos
connaissances, dit Buffon, il est aisé de s'apercevoir
que nous ne pouvons en acquérir que par la voie de
comparaison. Ce qui est absolument incomparable est
entièrement incompréhensible ; Dieu est le seul exemple
que nous puissions en donner ici ; il ne peut être compris, parce qu'il ne peut être comparé ; mais tout ce qui
est susceptible de comparaison, tout ce que nous pouvons apercevoir par des faces différentes, tout ce que nous
pouvons considérer relativement, peut toujours être
du ressort de nos connaissances ; plus nous aurons de
sujets de comparaison, de côtés différens, de points
particuliers sous lesquels nous pourrons envisager
notre objet, plus aussi nous aurons de moyens pour
le connaître, et de facilité à réunir les idées sur lesquelles nous devons fonder notre jugement. » (*Hist.
nat. de l'homme ; nat. de l'homme.*)

Il recommande même de mettre en rapport les objets
qui ont entre eux le moins de ressemblance.

« Il est vrai aussi, dit-il ailleurs, que le parallèle
de deux choses opposées, et qui ne peuvent soutenir
aucune sorte de comparaison, nous fait mieux connaître
les objets..... Les objets qu'on parvient à mieux connaître sont ceux surtout qu'on peut mettre en opposition, ce qui répand plus de lumière que les rapports
de ressemblance. »

Ce sont les mêmes considérations qui ont donné lieu
à cet axiome de M. Jacotot : *Tout est dans tout ; autrement, tout est analogie ; en autres termes, il n'est rien
qu'on ne puisse comparer à une autre chose, sous
plus ou moins de points de vue.* Axiome fécond ; car
ces rapports continuels éclairent ce qui était d'abord
très-obscur ; conduisent au point où l'on n'était pas
encore arrivé ; en un mot, sont la voie la plus certaine
et la plus courte de toutes nos acquisitions personnelles, comme ils sont, pour ainsi dire, les degrés de
toutes les sciences.

« Si l'homme, dit Laplace, s'était borné à recueillir
des faits, les sciences naturelles ne seraient encore
qu'une nomenclature stérile, et jamais il n'aurait connu
les grandes lois de la nature. C'est en *comparant* entre
eux les phénomènes et en cherchant à saisir leurs rapports, qu'il est parvenu à découvrir les lois toujours
empreintes dans leurs effets les plus variés. » ( *Expo-
sition du syst. du monde.* )

*Dans toute espèce d'étude, il faut aller* ( dit Condillac ) *du connu à l'inconnu.* Cet axiome qui est dans
toutes les bouches, et qui n'en est peut-être pas plus
compris pour cela, ne signifie rien, ou il signifie *il faut
comparer ;* autrement, il faut chercher à voir, à retrouver ce que l'on sait dans ce que l'on veut apprendre ;

autrement encore, *c'est par le moyen du connu que l'on pénètre dans ce qui était inconnu.*

La comparaison opère les associations d'idées ; ces associations sont toute notre mémoire, toute notre imagination, toutes nos connaissances.

Quand nous voulons retenir un mot nouveau, bizarre, que faisons-nous ? nous le rapportons, c'est-à-dire, nous cherchons à quel mot connu il ressemble, et nous notons la différence. Ainsi nous nous servons de ce que nous savons pour apprendre (*apprehendere*, saisir) ce que nous ne savons pas encore. Veut-on retenir une date, un nombre quelconque, on le rapporte, on l'associe à un nombre, à une date bien connue, ou à des signes conventionnels avec lesquels on s'est familiarisé. C'est là tout le fondement de l'Art de la mémoire. (Voy. la *Mnémotechnie d'Aimé Paris.*)

L'imagination est sœur de la mémoire. Ces deux facultés, dit Ch. Bonnet (*Essai analytique sur l'âme*, n°ˢ 173, 223), ne sont point essentiellement différentes. « Même lorsque nous faisons ce que nous appelons *imaginer*, nous ne créons rien absolument de neuf, nous ne faisons que nous *rappeler* ce que nous avons déjà éprouvé, et en former de nouveaux composés. » (Destutt de Tracy, *Idéol.*, ch. xv.)

« C'est l'affaire de la mémoire de fournir à l'esprit ces *idées dormantes* dont elle est la dépositaire, dans le temps qu'il en a besoin, et c'est à les avoir toutes prêtes dans l'occasion que consiste ce que nous appelons *invention*, *imagination*, et *vivacité d'esprit*. » ( Locke, liv. ii, ch. x, § 8.)

Aussi l'imagination est puissamment secondée par l'habitude de comparer. Les idées associées s'appellent

mutuellement

mutuellement ; un seul mot fait revenir ses voisins ;
ceux-ci d'autres encore ; de là ces traits vifs et brillans
de l'imagination, que l'on attribue, sans trop y avoir
réfléchi, à une cause occulte qu'on appelle tour à tour
*esprit* ou *génie* (1).

Toutes nos connaissances, si nous prenons garde à
l'étymologie de ce mot (*cum-noscere*) sont des notions
unies ou des *idées associées*.

C'est ce qui a fait dire à un membre de l'Institut (2) :
« Qui a plus d'imagination, plus de verve, plus de connaissances ? celui qui a vu et comparé plus d'objets,
rassemblé plus de faits, » par conséquent, associé plus
d'idées.

C'est aussi cette considération qui a découvert à un
sage philosophe cette vérité profonde : « C'est dans les
IDÉES ASSOCIÉES qu'il faut chercher le secret de perfectionner l'éducation. » (Voy. Ch. Bonnet, *Essai analyt.*,
n°s 821, 822.) M. Jacotot n'aurait-il pas résolu ce pro-
blème, le plus beau que puisse se proposer un ami de
l'humanité ?

Si l'on y fait bien attention, c'est l'habitude de comparer qui a formé tous ces hommes dont on a vanté le
génie et les grands talens. Pour en citer un exemple
frappant, ce fameux marquis de Bédemar, qui conduisit
tous les fils de la conspiration contre Venise, et que
St-Réal nous peint comme l'*un des plus puissans gé-*

---

(1) L'esprit est la perception des rapports. (De Bonald, tom IX,
pag. 19.)

Le goût n'est que le résultat d'une multitude d'idées comparées.
(Thomas.)

C'est par la comparaison qu'on se forme le goût. (Voltaire.)

(2) Naigeon, Notice sur La Fontaine.

nies que *l'Espagne ait jamais produits*, s'était formé par ce moyen. « On voit, dit-il, par les écrits qu'il a laissés, qu'il possédait tout ce qu'il y a dans les historiens anciens et modernes qui peut former un homme extraordinaire. Il *comparait* les choses qu'ils racontent avec celles qui se passaient de son temps. Il observait exactement les différences et les ressemblances des affaires, et combien ce qu'elles ont de différent change ce qu'elles ont de semblable.... » (*Conjur. contre Venise.*)

A cet exemple, et pour abréger, je ne joindrai que celui de cet homme ingénieux qui explore aujourd'hui l'Egypte, et qui, procédant de rapports en rapports, a deviné l'écriture des anciens Egyptiens, et fait parler des monumens muets depuis tant de siècles, et qu'on croyait condamnés à un éternel silence.

On verra dans la *seconde partie* les nombreux exercices qui dérivent de ce principe.

### V. EXCLUSION DE TOUTE EXPLICATION.

Le fondateur de la nouvelle méthode a de plus observé que ce que les enfans apprennent, ils l'apprennent sans explication, par la seule force de la *nature de l'âme que Dieu*, dit-il, *a créée capable de s'instruire seule et sans maître.*

De là un trait caractéristique de sa méthode qui est de *ne rien expliquer.* L'élève doit trouver tout de lui-même. Il a appris quelque chose, il répète pour mieux savoir et ne pas oublier ; il compare ce qu'il ne sait pas à ce qu'il sait déjà, et, nécessairement, aperçoit des rapports.

Le rôle unique du maître, dans cette nouvelle méthode, est de mettre entre les mains de ses élèves l'*Epitome* ou *Manuel* de l'art ou de la science qu'il veut

( 19 )

faire apprendre (voy. p. 8) ; d'indiquer les *Exercices*,
et d'en surveiller la pratique. Il doit encore encourager
ses élèves, surtout en leur donnant de la confiance en
leurs propres forces (1) ; et ceux-ci en voyant, ou du
moins à force de voir, analysent, comparent, générali-
lisent, imitent, puis créent à leur tour.

Il est très-avantageux de provoquer ces analyses, ces
comparaisons, ces généralisations, ces imitations, par
des QUESTIONS exploratrices (2) ; mais elles ne sont point
indispensables, et, à la rigueur, ne présupposent dans
le maître aucune connaissance spéciale, si ce n'est celle
des principes de la méthode. Si cependant le maître est
instruit, je crois qu'il peut mettre ses élèves sur la voie
des découvertes, abréger leur course, et leur faire chérir
le travail et la méthode.

Cette absence totale d'explications, de la part du
maître, est ce qui paraît généralement le plus difficile
à comprendre dans l'enseignement universel, et c'est
précisément à cette absence absolue d'explications que

---

(1) *Videntur nobis homines nec opes, nec vires suas benè nosse ;
verùm de illis majora quàm par est, de his minora credere ; ita fit ut....
se ipsos plus æquo contemnentes, vires suas in levioribus consumant ;
in iis quæ ad summum rei faciunt, non experiantur ;.... ad ulteriùs pe-
netrandum, nec desiderio, nec spe excitentur.* ( Bacon, *Nov. organ.*,
init. )

(2) *Debebit præceptor frequenter* INTERROGARE *et judicium disci-
pulorum experiri. Sic audientibus securitas aberit, nec, quæ dicentur,
superfluent aures, simulque ad id perducentur quod ex hoc quæritur,
ut* INVENIANT IPSI *et* INTELLIGANT. *Nam quid aliud agimus docendo
eos, quàm* NE SEMPER DOCENDI SINT. ( Quint., *Inst. orat.* II, 5. )

La façon de leur discipline (des Lacédémoniens), dit Montaigne,
c'était FAIRE DES QUESTIONS aux enfans sur le jugement des hommes et
de leurs actions.......... et par ce moyen ils aiguisaient ensemble leur entendement, et apprenaient le droit. ( *Essais*, 1, ch. 24. ) On sait quel
parti Socrate tirait des questions.

2*

sont dus tous ses succès ; parce qu'elle oblige, et, par conséquent, accoutume les enfans à PENSER.

Si l'on veut bien y réfléchir, le vice de toute explication est sensible. On ne peut se faire comprendre dans une explication, qu'en montrant le rapport de l'idée nouvelle avec les idées qu'a déjà la personne à qui l'on explique (1). Or, quel maître peut connaître ce point d'où il faut partir ? Les mots dont l'élève se sert ne sont pas une indication sûre pour cela, puisque la plupart du temps, l'enfant, par un vice des méthodes anciennes, n'attache pas d'idées ou du moins d'idées justes aux mots (2). Cette difficulté est surtout insurmontable, lorsque le maître s'adresse à une classe tout entière ; c'est-à-dire, à des élèves qui sont à une grande distance les uns des autres pour les acquisitions faites.

Et encore, quand il serait vrai que les idées pussent entrer dans l'esprit des enfans, par la voie des explications, il faudra convenir, ainsi que l'expérience le prouve, et comme l'a dit un observateur profond, que *ces idées sont en eux, mais ne sont point à eux ; ne font point partie d'eux-mêmes ; que ce sont des plantes étrangères qui ne peuvent jamais prendre racine.* (Talleyrand-Périgord, *Rapp. sur l'instr. publ.*, p. 91.)

On craindra peut-être que les erreurs, les idées fausses ne se logent dans les têtes des enfans. Condillac a victorieusement répondu à cette objection.

Un besoin pressant, dit-il, peut faire porter à l'enfant

---

(1) Des mots vus ou entendus ne rappellent dans notre esprit que les idées dont nous avons accoutumé de les prendre pour signes, et ne sauraient y introduire aucune idée simple parfaitement nouvelle et auparavant inconnue. (Locke, liv. IV, ch. 18, § 3.)

(2) Voir Emile, liv. I, *sub fin.*

un faux jugement, parce qu'il le fait juger à la hâte; mais, l'erreur ne peut être que momentanée. Trompé dans son attente, il sent bientôt la nécessité de juger une seconde fois, et il juge mieux. L'expérience qui veille sur lui, corrige ses méprises. Croit-il voir sa nourrice, parce qu'il croit voir dans l'éloignement une personne qui lui ressemble? Son erreur ne dure pas; si un premier coup d'œil l'a trompé, un second le détrompe, et il la cherche des yeux. (Cond., *Log.*, 1re part., ch. 1.)

Ce sont les explications, au contraire, qui remplissent les têtes d'idées fausses. Qu'on essaie d'expliquer une chose nouvelle à vingt personnes, et qu'on en demande compte à chacune, on s'assurera que la chose a été comprise de vingt manières différentes.

Et, dans tous les cas, ces explications rendent l'esprit des enfans paresseux, inactif; leur faculté pensante reste inexercée, engourdie, et perd tout son ressort et son énergie.

Écoutons le philosophe de Genève :

« Notre manie enseignante et pédantesque, dit-il, est toujours d'apprendre aux enfans ce qu'ils apprendraient beaucoup mieux d'eux-mêmes.

» Vous abrutiriez votre élève, si vous alliez toujours le dirigeant; si votre tête conduit toujours ses bras, la sienne lui devient inutile. (*Emile*, II.)

» A quoi voulez-vous qu'il pense, quand vous pensez à tout pour lui? (*Ibid.*)

» Jeune instituteur, je vous prêche un art difficile, c'est de *gouverner sans préceptes*, et de tout faire en ne faisant rien. (*Ibid.*)

» Au lieu de nous apprendre à raisonner, le maître raisonne pour nous, et n'exerce que notre mémoire. (*Ibid.*)

» Point d'autre livre que le monde, point d'autre instruction que les *faits;* qu'il ne sache rien parce que vous le lui avez dit, mais parce qu'il l'a compris lui-même. (*Emile*, III.)

» Je n'aime point les explications en *discours*; les jeunes gens y font peu d'attention et ne les retiennent guères. (*Ibid.*)

» On prend des notions bien plus claires et bien plus sûres des choses qu'on apprend ainsi de soi-même, que de celles qu'on tient des enseignemens d'autrui. (*Ibid.*)

» Parmi tant d'admirables méthodes pour abréger l'étude des sciences, nous aurions grand besoin que quelqu'un nous en donnât une pour les apprendre avec effort. Plus nos outils sont ingénieux, plus nos organes deviennent grossiers et maladroits. A force de rassembler des machines autour de nous, nous n'en trouvons plus en nous-mêmes. » (*Ibid.*)

Les enfans, dit Condillac, sont déterminés par leurs besoins à être observateurs.....; ils le sont tant que la nature les conduit seule; mais aussitôt que nous les conduisons, nous leur interdisons toute observation, toute analyse. (*Log.*, 2ᵉ partie, ch. 1.)

Les partisans des explications ont-ils pris garde que c'est sans explication aucune, que les enfans apprennent leur langue maternelle; c'est-à-dire, ce qu'il y a certainement de plus difficile à apprendre, et à l'âge où ils semblent avoir le moins de ressources? Est-il une mère qui, pour apprendre à parler à ses enfans, s'avise de *commencer*, comme on dit, *par les principes*, c'est-à-dire, de donner des définitions, des règles? leur fait-elle décliner des noms, conjuguer des verbes, distinguer les diverses sortes de mots?

La manière dont l'enfant, en tous pays, et *avant*

*toute explication possible*, apprend à connaître les personnes, les choses et sa langue maternelle, suffit pour faire concevoir qu'il peut également apprendre toute autre chose, sans explication, puisque pour cela il n'a qu'à continuer de faire les mêmes opérations. Il est vrai qu'il n'est plus stimulé par le besoin; mais il faut que le maître supplée habilement ce puissant mobile, en encourageant sans cesse son élève, en lui faisant apprécier ses découvertes, ses progrès, et en lui en faisant espérer de plus sensibles encore, qui, réellement, sont assurés à tout élève doué de bonne volonté, et fidèle à la marche tracée par M. Jacotot.

Tels sont les principes qui servent de base à l'enseignement universel.

Ces principes, ainsi que nous venons de le voir, ne sont pas nouveaux; ils ont été proclamés par tous ceux qui ont étudié l'homme et la nature. En faut-il conclure que M. Jacotot n'a pas le mérite de la découverte de sa méthode? Loin, bien loin une pareille conclusion. Les anciens philosophes avaient aussi deviné la gravitation universelle : la gloire de cette découverte en est-elle moins acquise à Newton? non, sans doute, parce que c'est à celui qui démontre une Théorie, qu'elle appartient; c'est l'application qui fait le mérite d'une découverte; c'est à celui qui en fait jouir ses semblables que la gloire en revient.

## VI. COMPARAISON DES DEUX MÉTHODES.

D'après ce court exposé, on peut déjà juger de la ressemblance et de la différence des deux méthodes, qu'on appréciera mieux encore d'après les exercices conseillés par M. Jacotot, et que nous ferons connaître dans la *seconde partie*.

Dans l'ancienne, on apprend de gros volumes de principes, de règles, de rudimens, de définitions.......

Dans la nouvelle, l'élève apprend des faits particuliers, contenus dans un court *Epitome*, et, par l'analyse et la comparaison, il s'élève par lui-même aux principes et conclut les règles. — Il y a donc marche directement opposée.

Dans l'ancien système, on répète; oui, deux ou trois fois, ou quatre fois au plus, les morceaux que l'on a appris, puis l'on passe à un nouvel auteur, et il n'est pas d'élève qui, peu de semaines après qu'il a quitté un livre, en sache dix lignes consécutives. Il a été calculé qu'un élève, après un an, n'a pas retenu le millième des faits qu'il a vus et étudiés. On sait même qu'il y en a qui, arrivés en troisième ou en seconde, savent moins de *ce qui leur a été enseigné*, qu'ils n'en savaient en sixième. Je ne parle pas des acquisitions qu'ils ont faites par eux-mêmes.

Dans le nouveau système, on répète *tous* les jours *tout* l'épitome ou manuel de la science qu'on veut apprendre; à cet épitome, par l'exercice de comparaison, on rapporte tout ce que l'on voit de nouveau. On lie, on associe les idées; par conséquent on n'oublie rien, ou du moins peu de chose; on voit chaque jour augmenter son trésor par des acquisitions nouvelles; on marche avec plus de courage, parce qu'on sent qu'aucun pas n'est perdu.

Dans l'ancienne méthode, l'exercice de comparer, de rapporter, est rare et presque nul.

Dans la nouvelle, la comparaison est l'exercice de tous les instans ; c'est l'âme de la méthode.

Enfin, dans l'ancienne, le maître entasse règles sur règles, définitions sur définitions; c'est ce qu'il appelle expliquer.

Dans la nouvelle, les faits et les faits seuls servent d'explicateurs.

L'enfant, en observant lui-même, découvre nécessairement des rapports. Faut-il dire combien il s'intéresse à ce qu'il a trouvé? Chacune de ses acquisitions devient pour lui une propriété qu'il chérit et qu'il cherche à conserver, à améliorer, à augmenter. Et dans toutes ces acquisitions il éprouve une joie tout-à-fait inconnue aux élèves de l'ancienne méthode, qui, n'observant rien par eux-mêmes, ne cherchant et ne trouvant rien par eux-mêmes, recevant tout du maître, n'attachent aucun prix à ses observations les plus savantes, et les laissent bientôt retomber dans l'oubli.

Avant de faire connaître l'application particulière des principes de l'enseignement universel, nous devons parler d'une *opinion* du fondateur, qui a soulevé contre sa méthode une multitude d'adversaires; car, malgré les avertissemens de M. Jacotot, on n'a pas pris garde que *son opinion n'est point sa méthode*, et en est tout-à-fait indépendante; mais que c'est, entre ses mains, un puissant moyen d'excitation.

## VII. ÉGALITÉ DES INTELLIGENCES.

Cette opinion est que *l'intelligence est égale chez tous les hommes bien conformés;* autrement, que tous les hommes bien organisés naissent avec la faculté de comprendre, de voir, de saisir des rapports.

Il faut remarquer que M. Jacotot parle de la *faculté,* et non de la *facilité;* cette dernière dépend surtout de l'exercice et des acquisitions faites; et comme ces acquisitions et cet exercice diffèrent chez tous les individus, il s'ensuit que la *facilité de voir des rapports* ou l'intelligence *actuelle* diffère aussi.

M. Jacotot a été amené à cette opinion par les résultats extraordinaires qu'il a obtenus de plusieurs enfans, ses élèves, qui, exercés suivant sa méthode, ont fait dans les arts et les sciences, des progrès surprenans, et sont parvenus, tout jeunes encore, à produire ce qu'on était accoutumé à n'attendre que de quelques hommes faits, et mûris par les années et par la réflexion.

Il a vu aussi que chez tous les peuples, des enfans, élevés dans les mêmes circonstances, et sous la seule influence de la nature, ont l'intelligence à peu près également exercée, et ont fait à peu près les mêmes acquisitions intellectuelles; et que ce n'est qu'à dater du moment où les enfans passent sous le joug des maîtres explicateurs, que l'on remarque des différences immenses.

D'un autre coté, tel enfant qu'on destitue de son intelligence, parce qu'il ne sait pas ou ne veut pas apprendre du grec ou du latin, n'a-t-il pas l'intelligence ouverte pour autre chose? pour la mécanique, pour le jeu, par exemple. C'est un *fait* généralement observé. Or, la faculté existe donc chez lui, quoique l'objet auquel elle s'applique soit différent.

Et cet écolier qui, selon l'observation de M. de Bonald (IX, 17), pâlit sans fruit sur les rudimens et les grammaires, et qui consume ses jeunes années à étudier une langue qu'il ne saura jamais, ne l'eût-il pas parlée avec autant de facilité qu'il parle sa langue maternelle, si, dès sa naissance, il n'en eût pas entendu d'autre? — Ce FAIT dépose-t-il contre l'intelligence de l'enfant, ou contre les méthodes des maîtres?

L'opinion de l'inégalité des intelligences a pris sa source dans l'orgueil.

« Quoique Dieu et la nature, dit Bossuet, aient fait

tous les hommes égaux, en les formant d'une même boue, la vanité humaine ne peut souffrir cette égalité. » *(Oraison fun. de Henri de Gornay.)*

« La nature, dit Laromiguière (*Leçons de phil.*, t. I, p. 55), toujours variée dans les ouvrages qu'elle expose à nos regards, PEUT avoir mis autant de différence entre les esprits qu'elle en a mis entre les corps. Elle PEUT avoir donné à l'intelligence de chaque homme un caractère propre qui la distingue de toutes les autres ; mais ces inégalités primitives, SI ELLES EXISTENT, s'effacent bientôt devant les grandes inégalités qui viennent de l'art....

« Je n'ai jamais cru, dit Descartes, avoir été parti-
» culièrement favorisé de la nature, et souvent j'ai dé-
» siré d'en égaler d'autres, soit pour la facilité de re-
» tenir les impressions que j'avais reçues, soit pour
» celle d'imaginer les choses d'une manière distincte,
» soit pour la rapidité de la pensée. Si j'ai quelque
» avantage sur le commun des hommes, je le dois à
» ma méthode. »

» Quand un esprit aussi pénétrant, après s'être long-temps étudié lui-même, et après avoir long-temps étudié les autres, nous dit que toute sa supériorité est l'ouvrage de sa méthode, on doit, ce semble, mettre une extrême réserve dans l'opinion qu'on se fait quelquefois des dons naturels et des talens privilégiés. »

Je ne puis m'empêcher de citer encore Victor Cousin :

« L'esprit est égal à lui-même dans tous les hommes... La nature humaine, l'entendement humain, sont dans le pâtre tout aussi-bien que dans Leibnitz.... L'entendement humain, encore une fois, est inné à lui-même, est égal à lui-même dans tous les hommes. » (*Cours de l'hist. de la phil.*, tome II, 1829, p. 390, 391, 392.)

Avant de terminer cette discussion, tout à fait étrangère à la méthode, je demanderai seulement lequel de deux instituteurs a trouvé pour ses élèves le plus sûr et le plus puissant motif d'encouragement, de celui qui leur dit : *Messieurs, il en est parmi vous qui sont disgraciés de la nature, et qui, malgré tous leurs efforts, ne parviendront jamais à rien apprendre;* ou de celui qui cherche à leur persuader qu'avec du travail, du courage, une ferme volonté, ils s'élèveront au plus haut degré de connaissances.

# DEUXIÈME PARTIE.

## APPLICATION DE LA MÉTHODE.

L'IDÉE générale que nous venons de donner de la méthode de M. Jacotot, serait incomplète et insuffisante, si nous n'en faisions connaître l'application, du moins aux principaux objets de l'enseignement ordinaire. C'est ce que nous allons essayer, en entrant dans tous les détails que nous jugerons utiles.

### I. LECTURE.

Le maître lit le premier mot d'une phrase qu'il a mise sous les yeux d'un élève.

L'élève répète en regardant le livre.

Le maître relit de nouveau, en ajoutant successivement les mots de la ligne ou de la phrase.

L'élève répète encore.

On renouvelle sans cesse cet exercice, en reprenant toujours depuis le commencement.

Comme il est rare que dans une phrase, par conséquent dans deux, il n'y ait pas deux ou plusieurs mots plus ou moins semblables, pour le son et pour les signes qui les représentent, l'élève, soit naturellement, soit sur l'indication du maître, les compare, les rapporte l'un à l'autre, et parvient à reconnaître, à distinguer les parties des mots, c'est-à-dire, les syllabes, puis les lettres, dont on lui apprend le nom.

Les mots qu'il a reconnus et distingués aident bientôt à en reconnaître d'autres, et une fois qu'il sait les mots de deux ou trois pages (ce qui est ordinairement très-prompt, et dépend du degré d'attention qu'il y a mis), il sait lire.

Avec des élèves légers et étourdis, on peut, dans le principe, découper les mots, et les placer sur des cartes, des fiches ou des jetons, et leur apprendre à les distinguer isolément, puis on les réunit en phrases complètes.

On peut aussi, quoique ce ne soit point nécessaire, se servir d'abord de caractères un peu gros, parce que les différences sont plus faciles à apercevoir ; et on amène graduellement les élèves aux caractères ordinaires.

### *Modèle d'exercice.*

On a mis sous les yeux d'un élève la première page du Télémaque ou de tout autre livre.

| Le maître dit : | L'élève répète ou répond : |
|---|---|
| Calypso | Calypso |
| Calypso ne | Calypso ne |
| Calypso ne pouvait | Calypso ne pouvait |
| Calypso ne pouvait se | Calypso ne pouvait se |
| Calypso ne pouvait se consoler | Calypso ne pouvait se consoler |
| ........ se consoler du | ........ se consoler du |
| ........ se consoler du départ | ........ se consoler du départ |
| ........ se consoler du départ d'Ulysse. | ........ se consoler du départ d'Ulysse. |

### *Vérification.*

| Montrez-moi *consoler.* | Le voilà. | |
|---|---|---|
| ——————— *ne.* | Le voilà. | En le montrant. |
| Où y a-t-il *départ* ? | Là. | |
| Montrez-moi *so.* | A la fin de *Calypso* et au milieu de *consoler.* | |
| Y a-t-il deux choses qui se ressemblent dans *tels* mots ? | Oui : la fin de *ne* ressemble à celle de *se ;* so de *Calypso* ressemble à so dans *consoler ;* le commencement de *du* ressemble à celui de *départ......* | |

La lettre que vous avez remarquée
à la fin des mots *ne* et *se*, s'appelle *e*.

      Je le retiendrai; voilà encore un *e*
      dans *consoler*.

Celle qui commence *du* et *départ*,
s'appelle *d*.

Où la retrouvez-vous ?

      Dans les mots *douleur, d'être*, etc.

Montrez-moi *telle* lettre.

      La voilà.

Comment s'appelle la lettre que
vous avez remarquée à la fin de
*ne*, *se*......?

      Elle s'appelle *e*.

        Etc., etc.

OBSERVATION. Dans le principe, il y a tant d'acquisitions à faire pour l'enfant, qu'on ne saurait aller trop lentement, ni RÉPÉTER trop souvent. Il faut aussi que les premières leçons soient fort courtes, pour ne pas lasser l'attention ; mais dès que l'on peut varier les vérifications, les leçons peuvent durer une heure. Évitez toujours d'inspirer du dégoût.

On demande quelquefois : *Pourquoi commencer par les mots, plutôt que par les lettres ou les syllabes? ne faut-il pas aller du simple au composé?* — Il faut aller du facile au difficile, par conséquent de l'ensemble aux détails. Or, il est plus facile de distinguer *Calypso* de *pouvait*, que d'apercevoir la différence qui existe entre *c* et *e*, *Ca* et *Co*. L'expérience prouvera que les enfans retiendront les mots les plus longs, plus vite que les plus courts; c'est qu'ils ont plus de points de comparaison. D'ailleurs, les lettres et les syllabes détachées, *a*, *b*, *Ca-lyp-so*, *pou-vait*, etc., ne disent rien à l'esprit, ne se rapportent à rien, et se gravent, par conséquent, plus difficilement dans la mémoire.

*Exercice de celui qui veut apprendre à lire* SEUL.

Un homme ne sait pas lire ; s'il VEUT FORTEMENT , il PEUT apprendre à lire seul et sans maître.

Il sait l'Oraison dominicale : il se la fait montrer dans un livre ; voilà son manuel : dès ce moment,

Il récite cette prière en regardant attentivement chaque mot ; il réitère cet exercice le plus souvent qu'il le peut, et bientôt il parvient à distinguer quelques mots, 1°. en reconnaissant ceux qui se trouvent répétés , comme *votre* nom, *votre* règne, *soit* sanctifié, *soit* faite, etc.; 2°. en comparant la forme, la représentation, de ceux qui se ressemblent pour le son , comme *notre* et *votre*, *nous* et *vous* , *qui* et *que*, *pardonnez* et *pardonnons* , *offenses* et *offensés* , etc. Il se demande souvent à lui-même, *où est tel mot ?* par exemple, *père*, *volonté*, *sanctifié*, *pain*, etc.

Il s'exerce ensuite à distinguer les parties des mots ou les syllabes : et pour cela, il rapproche les mots qui commencent ou finissent de même : *qui* et *que*, *votre* et *volonté*, *notre votre*, etc. ; il ÉCOUTE ce qu'ils ont de commun dans la prononciation, et REGARDE ce qu'ils ont de commun dans l'écriture ; et voilà des syllabes qu'il retiendra, s'il revient souvent à cet exercice. Il observe aussi le signe représentateur de la différence.

Cependant il relit toujours, plusieurs fois par jour, la même prière, avec la même attention de rapporter les sons qu'il profère, aux signes ou lettres qui les représentent dans l'écriture. Quand il est bien familiarisé avec tous les mots de l'Oraison dominicale, il peut ajouter à l'objet de ses exercices une autre prière, ou une autre chose qu'il sait par cœur ; et bientôt il se sent capable de lire autre chose. Il essaie, pour cela, il rap-

porte

porte tout ce qu'il rencontre à ce qu'il sait, et cherche dans son *manuel* tout ce qui l'arrête.

Chaque jour il relit la même prière, et chaque jour il y ajoute du nouveau, en répétant aussi ses exercices sur la distinction des mots et des syllabes, puis des lettres.

Deux heures d'étude par jour, divisées en quatre ou six leçons ou séances, pendant cinq ou six semaines, suffisent ordinairement pour apprendre à lire de cette manière.

Avec la même volonté, la même attention et les mêmes soins, une mère qui saura une prière par cœur, pourra, sans savoir lire elle-même, faire apprendre à lire à son enfant.

## II. ÉCRITURE.

On met sous les yeux de l'élève un exemple écrit en fin d'une phrase quelconque. Une ligne ou deux suffisent.

L'élève copie d'abord *un* mot ;

Il le répète jusqu'à ce qu'il le copie d'une manière lisible ;

Il ajoute ensuite successivement les mots suivans.

Dans chaque exercice, il compare *lui-même* son écriture à celle du modèle, vérifiant les lettres sur les lettres, les lignes sur les lignes. L'élève doit dire ce qu'il pense du mot ou des mots qu'il a écrits ; si c'est bien, ou si c'est mal ; en quoi c'est bien, en quoi c'est mal ; si les lettres sont égales ou inégales, trop ou trop peu penchées, si les lignes sont droites, etc. Aussitôt qu'il le peut, il écrit de mémoire et sans modèle. — Enfin, il écrit du nouveau.

Il doit être abandonné à sa *seule attention* pour écrire droit. Point de règles, point de crayons, qui lui donneraient l'idée d'une difficulté à laquelle il ne songerait pas de lui-même, et qui serait un obstacle à ses progrès.

Quant à la meilleure manière de tenir la plume, c'est ce que sa propre observation doit encore lui apprendre. On reporte sans cesse son attention sur cet objet par cette question : *votre plume est-elle bien tenue ? Pourriez-vous la tenir d'une manière plus commode, moins gênante ? Essayez;* et, *regardez faire*, ajoute-t-on, *si on sait écrire soi-même.*

### III. GRAMMAIRE.

La grammaire peut s'apprendre en même temps que la lecture et l'écriture, lorsque les élèves ne sont pas tout-à-fait trop jeunes.

La grammaire consiste en observations faites sur l'emploi des signes qui représentent les mots parlés, et sur la forme et la place à donner à ces mots, pour exprimer nos pensées de la manière reçue par l'usage.

Donc deux choses à apprendre, l'orthographe et l'orthologie. L'une et l'autre s'apprennent par l'observation des faits.

Comme ces faits ont été observés, classés et dénommés par des grammairiens, la connaissance de ces observations, classifications et dénominations, forme une science qu'il faut apprendre, et on y parvient en *vérifiant* une grammaire, c'est-à-dire, en la lisant et en la rapportant en même temps aux observations que l'on a faites soi-même.

Les exercices grammaticaux se composeront donc de deux choses :

1°. De l'observation des faits, ou de l'orthographe d'usage ; 2°. de la vérification de la grammaire.

## PREMIER EXERCICE.

| QUESTIONS. | RÉPONSES. |
|---|---|
| Comment écrit-on *consoler?* | c o n s o l e r. |
| —————————— *départ?* | d é p a r t. |
| Dites les lettres qui composent le mot *douleur.* | d o u l e u r. |
| Comment écrit-on *malheur?* | m a l h e u r. |
| Où avez-vous vu ce mot? | Dans *malheureuse.* |
| Ecrivez *Ulysse.* | U grand; l y s s e. |
| Pourquoi mettez-vous un *U* majuscule? | Parce que je l'ai vu ainsi. |
| Quand met-on une grande lettre au commencement d'un mot? | Je ne sais. |
| Regardez. | Je vois des lettres majuscules au commencement de chaque phrase, et à la tête des noms de Personnes. |
| Ecrivez la finale *vait.* | On l'écrit de deux manières: v a i t *ou* v a i e n t. |
| Dans quelle circonstance écrit-on *vait* et *vaient?* | Je ne sais. |
| Faites-y attention. Regardez. | Quand on parle de plusieurs personnes, on écrit *vaient.* |
| Où est le fait? | Le nymphes qui la *servaient....* |
| Ecrivez le mot *heure.* | Je ne l'ai pas vu. |
| Regardez bien. | Je le trouve dans *malheureuse,* et j'écrirai h e u r e. |
| Etc., etc. | Etc., etc. |

On ne saurait trop souvent renouveler cet exercice; faites aussi transcrire des *alinéa* entiers par cœur; que l'élève trouve et corrige lui-même ses fautes; s'il ne peut d'abord les trouver de mémoire, qu'il ait recours à son livre; bientôt rien n'échappera à son attention.

On voit que, dans cet exercice, on accoutume l'enfant à tirer des faits particuliers, des conclusions générales, c'est-à-dire, à généraliser.

### DEUXIÈME EXERCICE.

Lorsque, par l'exercice précédent, très-souvent réitéré, l'élève a vu et observé la plupart des faits de la grammaire, on vérifie une grammaire. Quelle qu'elle soit, elle peut remplir cet objet. Car si l'élève y trouve des principes et des définitions qui ne soient pas conformes à ses propres observations, par des observations nouvelles, il rectifiera ses propres idées ou celles de l'auteur de la grammaire ; s'il est d'accord avec cet auteur, il aura la satisfaction de voir qu'il a bien observé.

Rencontre-t-il des observations qu'il n'a point encore faites, il les met en note, en attendant de nouveaux faits qu'il cherchera dans des études postérieures.

### *Vérification de la grammaire.*

Nous choisissons la Grammaire française de Lhomond à cause de sa brièveté.

Le grammairien dit : « La grammaire est l'art de » parler et d'écrire correctement. »

L'élève ne comprend sans doute pas encore cette définition ; il la note pour l'examiner, la vérifier plus tard.

« Pour parler et pour écrire on emploie des mots. Les » mots sont composés de lettres. »

L'élève sait tout cela.

« Il y a deux sortes de lettres, les voyelles et les con-» sonnes ; les voyelles sont a, e, i, o, u,.... les » consonnes sont b, c, d,.....»

Ici l'élève apprend une distinction entre les lettres ; leur division en deux classes ; le *nom* qu'on leur a donné. C'est une observation qu'il n'avait peut-être pas encore faite; ce sont des *termes de grammaire*, qu'il vient d'apprendre.

Il continue la lecture; il arrive au chapitre I<sup>er</sup>, qui traite du *nom*.

« Le nom est un mot qui sert à nommer une per-
» sonne ou une chose. »

L'élève le sait: *nymphes*, *déesse*, servent à nommer des personnes; *grotte*, *vaisseaux*, etc., servent à nommer des choses; ces mots sont donc de la classe de ceux qu'on appelle *noms*.

« Ch. VI... Quand le participe passé est accompagné de
» l'auxiliaire *avoir*, il ne s'accorde pas avec son sujet. »

En effet, on trouve dans le Télémaque : Les nymphes avaient *eu* soin d'allumer en ce lieu un grand feu de bois de cèdre..... Elles y avaient *laissé* des habits.

Et ainsi des autres règles et observations.

*Classification des faits et des observations.*

Quand les enfans ont fait un certain nombre d'obser-vations, on peut les engager à les classer et à former des tableaux synoptiques, qui ont le double avantage d'aider la mémoire et de faire apercevoir plus facilement des rapports. Par exemple, *un tableau des désinences* des conjugaisons françaises, *dressé par eux*, pourrait leur être très-utile sous ce double point de vue, et en même temps leur faire voir combien il y a d'inutiles répétitions dans les pages nombreuses que tous les grammairiens consacrent ordinairement à cet objet. Pour former celui que nous joignons ici, les élèves se rappellent plusieurs infinitifs : *consoler*, *découvrir*, *revoir*, *prendre*, etc.; et ils ont bientôt reconnu que toutes les désinences des infinitifs français se réduisent aux quatre qu'ils ont re-marquées, et qu'on leur fait inscrire sur le tableau noir ou sur leur cahier. On passe en revue tous les participes présens qu'on se rappelle, et on reconnaît qu'ils se terminent tous en *ant*.... ainsi du reste du verbe. D'autres observations les amèneront à la découverte des *temps primitifs*, à la connaissance des *Exceptions* et de tout ce qui concerne la conjugaison.

## DÉSINENCES DES VERBES FRANÇAIS.

| DEVANT ces DÉSINENCES mettez *le* RADICAL: | DÉSINENCES DES MODES. | | | | | TEMPS: | OBSERVATIONS. |
|---|---|---|---|---|---|---|---|
| | **INFINITIF.** | | | | | | |
| | er, | ir, | oir, | | re. | Prés. | |
| | **PARTICIPE** | | | | | | |
| | | | ant. | | | | |
| | é, | i, | u, | s, | t. | Pas. | |
| | **INDICATIF.** | | | | | | |
| du Présent de l'Indicatif. | e, | | s, | | x. | Présent. | (1) Toutes les fois que la lettre s est précédée d'un c ou d'un d, à la 1re personne, on la supprime à la 3e, sans autre changement. |
| | es, | | s, | | x. | | |
| | e, | t, c, d, (1) | | | t. | | |
| | | ons, | | | | | |
| | | ez, | | | | | |
| | | ent. | | | | | |
| du Participe présent. | | ais, | | | | Imparfait. | |
| | | ais, | | | | | |
| | | ait, | | | | | |
| | | ions, | | | | | |
| | | iez, | | | | | |
| | | aient. | | | | | |
| du Prétérit défini. | ai, (2) | is, | us, | ins, | | Prétérit défini. | (2) Les désinences *s, t, mes, tes, rent*, sont pour tous les verbes, les voyelles qui les précèdent changent seules. |
| | as, | is, | us, | ins, | | | |
| | a, | it, | ut, | int, | | | |
| | âmes, | îmes, | ûmes, | înmes, | | | |
| | âtes, | îtes, | ûtes, | întes, | | | |
| | èrent, | irent, | urent, | inrent. | | | |

|  |  |  |  |  |
|---|---|---|---|---|
| du Présent de l'Infinitif. | rai,<br>ras,<br>ra,<br>rons,<br>rez,<br>ront. | | | *Futur.* |

**CONDITIONNEL.**

rais,
rais,
rait,
rions,
riez,
raient.

*Présent.*

**IMPÉRATIF.**

| du Présent de l'Indicatif. | e, | s,<br>e,<br>ons,<br>ez,<br>ent. | x, | *Présent.* |
|---|---|---|---|---|

**SUBJONCTIF.**

e,
es,
e,
ions,
iez,
ent.

*Présent*

du Participe présent.

| du Prétérit défini. | asse (1), | isse, | usse, | insse, | *Imparfait.* |
|---|---|---|---|---|---|
| | asses, | isses, | usses, | insses, | |
| | ât, | ît, | ût, | înt, | |
| | assions, | issions, | ussions, | inssions, | |
| | assiez, | issiez, | ussiez, | inssiez, | |
| | assent, | issent, | ussent, | inssent. | |

(1) On retrouve ici les voyelles *a, i, u, in,* du prétérit défini; d'ailleurs la désinence est unique.

Nous offrons encore ce *tableau analytique*, pour montrer comment on peut classer toute sorte de règles ou d'observations.

### RÈGLES DU PARTICIPE PASSÉ.

| FAITS.<br>*On dit et on écrit :* | OBSERVATIONS.<br>*Le Participe est conjugué,* | | | RÈGLES.<br>*Donc :* |
|---|---|---|---|---|
| | 1°. | 2°. | 3°. | |
| Quand elle EUT achevé..... | Avec AVOIR : | Sans complément. | | Le participe reste invariable, quand..... |
| Nous AVONS perdu l'espérance. | | Suivi d'un complément. | | |
| Les oiseaux qu'elles AVAIENT pris. | | Précédé d'un compl. direct. | | S'accorde avec ce COMPLÉMENT, lorsque....... |
| Les bêtes qu'elles AVAIENT percÉES. | | | | |
| Mes nymphes SE SONT révoltÉES. | Avec ÊTRE : | Dans le sens d'*avoir* précédé d'un complément | (direct. | |
| Elle S'ÉTAIT préparé de nouvelles douleurs. | | | (indirect. | Invariable. |
| Télémaque ÉTAIT accompagné. | | Sans complément. | | S'accorde avec le SUJET. |
| Elle ÉTAIT sans cesse tournÉE. | | | | |

*N. B.* A une seconde vérification, ou *lecture com-*
*parée* de la grammaire, l'élève comprend à peu près
tout ce qu'il n'avait pas saisi à la première. On lui fait
*raconter* la grammaire, pour que les termes de cet
art se gravent dans sa mémoire (Voyez page 9, en
quoi consiste cet exercice). Dès lors il sait exprimer
avec les termes employés par les grammairiens, les
réflexions qu'il a pu faire sur les faits; et il sait la
grammaire.

## IV. LANGUE MATERNELLE ET COMPOSITION.

Une des connaissances les plus importantes à acquérir, c'est, sans contredit, celle de sa propre langue,
ou l'art d'exprimer ses idées avec facilité et d'une manière nette, précise et correcte.

On croit vulgairement que les enfans et surtout les
jeunes gens savent leur langue maternelle, parce qu'ils
parlent, parce qu'ils interrogent et répondent. Il y a
ici une distinction essentielle à faire. Les enfans connaissent la langue des besoins; les jeunes gens et le
vulgaire des hommes savent la langue des relations
de société. Mais ce n'est pas là toute la langue française;
ce n'en est pas même la plus grande partie. Le vocabu-
laire de la langue des besoins ne s'élève guère qu'à
deux mille mots; la langue des rapports de société et de
commerce est riche de mille à deux mille expressions de
plus. Mais les langues descriptive, historique, oratoire,
poétique, qui sont si abondantes, et qui font prendre
si souvent, même aux mots de la langue des besoins,
une *figure*, une face, une signification nouvelles; mais
les langues des sciences et des arts, qui s'enrichissent
tous les jours, voilà des acquisitions immenses à faire,
et infinies; acquisitions qui ne peuvent être que le fruit

d'études longues, sérieuses et surtout bien dirigées. L'ignorance de ces langues, que la plupart des enfans n'ont apprises nulle part, est le plus grand obstacle à l'intelligence des auteurs latins, et même des auteurs français, comme La Fontaine, Racine, Boileau, Rousseau et autres qu'on leur fait étudier, et qu'ils ne peuvent ni comprendre, ni saisir, et qui, par conséquent, ne leur inspirent aucun intérêt.

M. Jacotot a indiqué le moyen le plus sûr d'arriver le plus tôt possible à cette connaissance si importante et si pleine de charmes.

Savoir parfaitement UN livre, y RAPPORTER TOUS les autres, telle est sa méthode, pour cet objet, ainsi que pour tous les autres.

Le choix de l'ouvrage est indifférent, pourvu qu'il soit bien écrit; mais le livre généralement adopté dans les établissemens d'enseignement universel, c'est le Télémaque.

Cet ouvrage est un *recueil de faits instructifs et de modèles à imiter*. (Jacotot, *Enseignement de la langue matern.*, p. 45.)

Les élèves y puisent des notions de religion, de philosophie, de morale, de politique, d'économie politique, de mythologie, de géographie, etc.; pour les études littéraires, style pur, portraits, récits, discours, descriptions, etc. : tout s'y trouve.

Quelques personnes blâment le choix de cet ouvrage dont elles disent la lecture dangereuse pour les mœurs. Ce n'est point sans étonnement et sans un peu d'indignation qu'on entend exprimer de pareilles craintes. Quoi! Fénélon, cet évêque que ses vertus si touchantes faisaient adorer à Cambrai, et dont la mémoire est partout si vénérée; Fénélon aurait fait un ouvrage qu'on ne pourrait communiquer à la jeunesse en toute sûreté!... d'une âme pure peut-il sortir des pensées qui ne le soient pas ? et le bon arbre porte-t-il maintenant de mauvais fruits ?... La garantie la plus sûre d'un ouvrage est, sans contredit, dans le caractère et la prudence de son auteur. Oui, on peut sans crainte lire Télémaque, le relire sans cesse ; car, si la France n'a jamais produit d'hommes plus vertueux que Fénélon, la littérature n'a rien à nous offrir d'aussi moral et d'aussi religieux que son immortel ouvrage. L'on accuse Fénélon pour son septième livre ! mais a-t-on pu ne pas sentir la différence totale qui existe entre cette composition, et les tableaux de tant d'autres auteurs ? En peignant les passions, ils ne cherchent tous qu'à les montrer du côté qui peut les faire excuser ; ils répandent à dessein sur elles un charme secret qui les fait aimer. Mais Fénélon ne les nomme qu'en retraçant leurs dangers, leurs remords ; il ne les peint qu'avec des couleurs qui inspirent l'effroi ; et il n'a pas un tableau qui n'en montre la laideur, pas un mot qui ne les condamne, pas une idée qui ne les fasse haïr. Ouvrons Fénélon, nous verrons Télémaque le plus infortuné des hommes, dès qu'il cède aux mouvemens imprudens de son âme; Eucharis et Calypso livrées aux tourmens les plus cruels, lorsqu'elles se laissent dominer par un sentiment dangereux; le séjour de la paix devenu un lieu de trouble et de souffrances, parce qu'il n'est plus l'habitation de la vertu. Oui, si Fénélon nomme l'amour, la manière dont il place ce mot, est toujours un service qu'il rend aux mœurs.

A cette justification du Télémaque, due en grande partie à la plume d'un élève, nous joindrons, pour le plaisir du lecteur, le jugement de Bernardin de Saint-Pierre.

« Le Télémaque parut, et ce livre rappela l'Europe aux harmonies de la nature. Il produisit une grande révolution dans la politique. Il ramena les peuples et les rois aux arts utiles, au commerce, à l'agriculture et surtout au sentiment de la Divinité. Cet ouvrage réunit à l'imagination d'Homère la sagesse de Confucius. Il fut traduit dans toutes les langues de l'Europe. Ce n'est pas en France qu'il a été le plus admiré ; il y a des provinces en Angleterre où on y apprend encore à lire aux enfans. Quand les Anglais entrèrent dans le Cambresis, avec l'armée des alliés, ils voulurent en enlever l'auteur, qui y vivait loin de la cour, pour lui donner, dans leur camp, une fête militaire ; mais sa modestie se refusa à ce triomphe : il se cacha. Je n'ajouterai qu'un trait à son éloge : ce fut le seul homme vivant dont Louis XIV fut jaloux : et il avait raison de l'être ; car, pendant qu'il cherchait à se faire craindre et admirer de l'Europe par ses armées, ses conquêtes, ses fêtes, ses bâtimens et son faste, Fénélon s'en faisait adorer avec un livre. » ( *Études de la nature*, XIV. )

Nous renverrons les personnes qui douteraient encore, ou qui voudraient lire un beau morceau d'éloquence, à l'*Eloge de Fénélon*, par Laharpe, discours qui a remporté le prix de l'académie française, en 1771. Nous n'en citerons que les passages suivans :

« Le Télémaque, chef-d'œuvre du génie de Fénélon, est l'un des ouvrages originaux du dernier siècle, l'un de ceux qui ont le plus honoré et embelli notre langue, et celui qui plaça Fénélon parmi nos plus grands écrivains.... Quoiqu'il semble écrit POUR LA JEUNESSE...., c'est pourtant le livre de tous les âges et de tous les esprits. Jamais on n'a fait un plus bel usage des richesses de l'antiquité, et des trésors de l'imagination. Jamais la vertu n'emprunta, pour parler aux hommes, **un** langage plus enchanteur, et n'eut plus de droits à notre amour..... En lisant le Télémaque, on est enlevé dans les cieux, et l'on respire en quelque sorte l'air de l'immortalité.... Le Télémaque est un ouvrage unique, dont nous ne pouvons rien rapprocher. »

EXERCICES PRÉPARATOIRES.

L'élève apprend par cœur au moins trois livres du Télémaque, et six, s'il est possible.

Chaque jour il apprend un alinéa ou une page, et lit attentivement le reste du livre.

Chaque jour aussi il récite tout ce qu'il a appris, à partir du commencement. Cependant, lorsqu'il y a plusieurs livres à réciter, on les récite en deux ou trois fois, mais au moins un ou deux par jour.

Cette répétition est essentielle, et on peut la regarder comme la base indispensable de toute étude par la méthode de l'enseignement universel.

Quand on sait déjà un livre ou deux, on lit les suivans et on les *raconte* ( Voyez l'explication de cet exercice, ci-dessus, pages 9 et 10 ).

On rapporte aussi les mots et les expressions ; c'est-à-dire, on rapproche, pour saisir leurs rapports, les mots semblables par le radical, ou par la désinence. On souligne ou l'on note à part tout ce qui est nouveau.

Pendant que l'élève apprend les deux ou trois premiers livres, le maître a soin de s'assurer que tout a été compris et observé, et cela en adressant des questions analogues aux suivantes :

## 1°. *Questions sur les faits.*

*De quoi* Calypso ne pouvait-elle se consoler?
*Qui* est-ce qui était parti?

( 46 )

*De quoi* Calypso se trouvait-elle malheureuse ?

*A quoi* pensait-elle ?

*Par qui* était-elle servie ?

*Faisait-il* froid dans la grotte de Calypso ?

*Pourquoi* Calypso se promenait-elle ?

Quelle était la taille d'Ulysse ?

*En quoi* Télémaque ressemblait-il à Ulysse ? etc.

## 2º. *Questions générales.*

Qu'est-ce qu'une déesse ?

Quelle distinction les païens établissaient-ils entre leurs dieux ? ( Voy. *alinéa* 2. )

Que fait une personne affligée, quel est son état ? ( — *Al.* 1. )

Que voit-on après un naufrage ? ( — *Al.* 2. )

Quel est le défaut de la jeunesse ? — *Al.* 11. )

A quoi peut-on comparer des paroles flatteuses ? ( — *Al.* 13. )

A quel moyen a-t-on recours, quand on veut donner une idée plus sensible d'une chose ? ( — *Al.* 6, 8, 13. )

A quoi sert une comparaison ?

Pourquoi, et dans quel cas a-t-on recours à une comparaison ?

Comment s'y prend un sage ami pour nous détourner de ce qui peut nous nuire ? ( — *Al.* 11, 20.....)

Quand on veut connaître le penchant, le caractère de quelqu'un, comment s'y prend-on ? ( — *Al.* 19. )

Quel est le but de Calypso ? ( — *Al.* 3 à 20. )

Quels moyens emploie une personne qui en veut sé-duire une autre ? ( *Ib.* )

Pourriez-vous, du fait énoncé dans l'alinéa 21, con-clure quelque chose relativement à l'amitié en général ?

Que pensez-vous de *telle chose* ?

Quelle observation ou réflexion vous a suggérée *telle phrase? telle* action, *telle* réponse?

Quel est le fait qui vous a fait penser ou dire cela? etc.

### OBSERVATIONS.

Ne faites jamais que des questions dont la réponse soit dans le livre qu'on sait, n'importe où ; quand même les élémens de la solution seraient épars , c'est à la mémoire à les rassembler. ( Jacotot, p. 22. )

Il ne faut pas prétendre qu'un élève nous fasse la réponse que nous avons nous-mêmes dans l'esprit. Un fait , de même qu'un corps, peut être vu de mille côtés divers, et l'enfant n'est pas toujours placé au même point de vue que le maître ; c'est ce qui peut donner lieu à des manières de juger différentes, et par conséquent à des réponses inattendues. Ne vous inquiétez pas non plus d'une réponse peu juste ; mais demandez toujours *où est le fait.* L'élève accoutumé à réfléchir réformera lui-même des jugemens erronés, que la précipitation lui aurait fait porter. (V. Condillac, cité plus haut, p. 20.)

Ces questions forcent l'élève à observer, à réfléchir, et l'accoutument à généraliser ses idées. Pour apprécier cet exercice, il faut se rappeler que c'est par la faculté de généraliser les idées que l'homme diffère des animaux ( Ch. Bonnet, *Essai analytique sur l'âme*, $n^{os}$ 268, 270, 823 ), et par la plus ou moins grande facilité et habitude de faire cette opération, que les hommes diffèrent le plus entre eux.

## 3°. *Synonymes.*

Lorsque l'élève sait deux ou trois livres, il a vu plusieurs fois des mots et des expressions qui ont au fond la même signification, mais avec quelques nuances

qu'il importe de savoir distinguer ; on les lui fait comparer d'après les faits, c'est-à-dire, d'après les circonstances où il les a vus.

*Exemples.*

1°. *Synonymes de mots.*

### Augmenter. — Ajouter.

Un élève : « *Augmenter*, signifie rendre plus consi-
dérable ; *ajouter* n'est autre chose que mettre auprès.

» On dit augmenter ses possessions....... J'ai lu dans
Fénélon : Un roi qui ne fait la guerre que pour augmenter ses possessions, mérite de perdre ce qu'il possède.

» On ajoute au poids de quelque chose..... Pour un
bon père, la seule espérance d'augmenter la fortune de
ses enfans ajoute à son bonheur? » (Jac., p. 49.)

2°. *Synonymes d'expressions.*

### Saisi de douleur. — Pressé par la douleur. — Abattu par la douleur. — Plongé dans la douleur.

L'élève : « La différence et la ressemblance qu'il y a
entre ces expressions est grande, car *saisi de douleur*
annonce une douleur qui arrive à l'instant, qui prend
le cœur dans un moment où l'on ne s'y attend point.

*Pressé par la douleur* semble dire que la douleur met
le cœur à l'étroit, ne laisse aucun repos ; elle presse
continuellement.

*Abattu par la douleur* signifie que la douleur surmonte les forces et éteint le courage.

*Plongé dans la douleur*, cette expression nous représente une grande étendue de douleur. Quand on est
plongé dans la douleur, on est aussi pressé et abattu. »

On

( 49 )

On peut remarquer dans cet exemple, que l'élève commence à se permettre des expressions qui ne sont point dans Fénélon. Il faut lui commander à cet égard une sage réserve. C'est seulement lorsque l'on connaît tout son livre qu'on peut se hasarder à en *imiter* les expressions; mais, avant, on doit s'imposer l'obligation de les *copier* avec exactitude. (Jacotot, *Langue mat.*, pag. 5o et 56.)

Cet exercice de comparaison des mots et des expressions est éminemment propre à accoutumer à l'attention, et à donner des idées justes. Et,

Par ces *exercices préparatoires*, M. Jacotot met en pratique le conseil de Boileau :

Avant donc que d'écrire, apprenez à PENSER.

EXERCICES PRINCIPAUX.

Les principaux exercices usités dans les établissemens d'enseignement universel peuvent se réduire aux suivans :

1. Imitation ;

2. Traduction ;

3. Etude philosophique et collective ;

4. Etude des secrets de composition, par voie d'analyse et de comparaison ;

5. Synonyme d'intention et de composition.

Mais il faut observer qu'aucun de ces exercices n'est indispensable ; qu'on peut en intervertir l'ordre ; en imaginer d'autres ; en un mot, que, quelque chemin que prenne l'élève, il arrivera toujours, s'il se conforme aux principes fondamentaux de l'enseignement universel :

APPRENDRE QUELQUE CHOSE.

RÉPÉTER (tout l'épitome tous les jours).

COMPARER, ou rapporter tout au livre qu'il a appris.

## 1º. *Imitation.*

Pour apprécier cet exercice , par lequel tous les grands écrivains ont préludé à leurs succès , et pour voir la manière de le diriger , il IMPORTE au maître d'étudier l'épître 84ᵉ de Sénèque , et le chap. 2 du Xᵉ livre des Institutions oratoires de Quintilien.

L'imitation peut avoir pour objet la pensée et le style , ou le style seul.

Dans la première espèce d'imitation , on conserve l'idée dominante du passage imité , et les idées accessoires sont remplacées par des idées tirées du sujet que l'on traite , et analogues à celles du passage qu'on veut imiter.

| MODÈLE. | IMITATION. |
|---|---|
| Calypso ne pouvait se consoler du départ d'Ulysse. Dans sa douleur, elle se trouvait malheureuse d'être immortelle. Sa grotte ne résonnait plus de son chant. Les nymphes qui la servaient n'osaient lui parler. Elle se promenait souvent seule sur les gazons fleuris dont un printemps éternel bordait son île; mais ces beaux lieux, loin de modérer sa douleur, ne faisaient que lui rappeler le triste souvenir d'Ulysse, qu'elle y avait vu tant de fois auprès d'elle. Souvent....... | Idoménée ne pouvait se consoler de la mort de son fils. Dans sa douleur, il se trouvait malheureux d'être père. Son palais ne retentissait plus que de ses gémissemens : les officiers qui le servaient n'osaient lui parler. Il se promenait souvent seul sous les longs portiques dont l'art avait embelli sa demeure; mais ces beaux lieux, loin de modérer sa douleur, ne faisaient que lui rappeler le triste souvenir de ce fils qu'il y avait vu tant de fois auprès de lui. Souvent....... |

L'idée dominante est *douleur*, et tout ce qui l'exprime se trouve dans ces deux morceaux : *Ne pouvait*

*se consoler ; dans sa douleur , il se trouvait malheu-*
*reux . . . Son* habitation *ne résonnait plus . . . . .*
*Les . . . qui le servaient , n'osaient lui parler, etc. . . .*

*Idées accessoires :*

*Départ d'Ulysse,* rempl. par *mort de son fils.*
*Être immortelle,*       *être père,*
*Grotte ,*           *palais,*
*Nymphes , etc.*     *officiers , etc.*

> Idées
> tirées du
> sujet.

Dans l'imitation, on peut se tenir plus ou moins près du modèle ; c'est-à-dire, conserver plus ou moins de termes.

*Exemple :*

*Modèle :* Calypso ne pouvait se consoler du départ d'Ulysse.

1er *Degré.* Philoctète *ne pouvait se consoler du départ* des Grecs.

2e *Degré.* Philoctète *ne pouvait se consoler* d'avoir trahi son serment.

Dans le premier cas , l'imitation est servile ; elle res-semble à une copie ; elle est TRÈS-BONNE à exercer un élève ; mais un auteur qui marcherait ainsi sur les pas d'un autre , serait un plagiaire. Plus nous changeons de termes , plus l'imitation est belle , et plus la compo-sition est nôtre.

Après avoir imité long-temps, on pourra faire comme le grand imitateur des anciens, La Fontaine ,

> . . . . . . . . . . . . . Qui se laissant guider ,
> Souvent à marcher seul osait se hasarder. (*Ep. à Huet.*)

Si on change tous les termes , au point que l'idée dominante n'y soit plus, *c'est une imitation de style* ou de *phrase.*

4*

### *Exemple :*

Fénélon a dit, au commencement du second livre de Télémaque :

> *Les Tyriens, par leur fierté, avaient irrité le grand roi Sésostris.*

On peut calquer sur cette phrase la première du premier livre, ainsi :

> *Ulysse, par son départ, avait affligé la déesse Calypso. . . . .*

On demande quelquefois s'il n'est pas à craindre que des élèves qui imitent sans cesse le Télémaque, n'aient tous absolument le même style. On peut répondre que le style de chacun se modifie selon ses vues particulières, et que rien n'est plus différent que le style de plusieurs élèves qui savent le même livre. D'ailleurs, on n'imite pas seulement le Télémaque.

### 2°. *Traduction.*

Lorsque, dans l'imitation, aux noms individuels on substitue des noms généraux ; ou bien, lorsque les faits racontés d'une seule personne dans telle circonstance, se trouvent dits en général, ou sont généralisés, cet exercice se nomme *traduction ;* en voici un exemple :

« *Regrets de l'ambitieux*, sur les *regrets de Calypso.*

» L'ambitieux ne peut se consoler de la perte de ses titres et de ses dignités. Dans sa douleur, il ne peut plus supporter la vie ; il se voit abandonné des flatteurs qui l'entouraient et qui le fuient ; il ne trouve en lui-même aucune consolation ; il sent dans son âme un vide affreux qu'il ne peut remplir. Les faveurs dont il a joui, les projets qu'il avait conçus, ne lui paraissent plus qu'un

( 53 )

songe : tout lui rappelle d'amers souvenirs, et ses pensées se tournent sans cesse vers l'objet éternel de ses
regrets et de son désespoir. »          ( Jac., p. 54.)

Voyez d'autres exemples, ci-après dans le Recueil de
compositions françaises.

C'est encore une espèce de traduction que d'appliquer à un individu ce qui est dit en général ; par
exemple, d'après le *portrait d'un homme de bien* faire
celui d'*Ariste....*

## 3°. *Etude philosophique et collective.*

Des réflexions générales sur les faits, sont des études
philosophiques. Le maître les provoque par des questions générales ( par ex. , par celles qui sont indiquées
ci-dessus, p. 46 ).

Lorsque ces réflexions sont puisées à des sources différentes, c'est-à-dire, déduites de faits épars et actuel-
lement rassemblés par la mémoire, on peut les appeler *Études collectives.*

### *Exemple :*

Qu'est-ce que la valeur ? ( *sujet de devoir.* )

### *Composition de l'élève.*

« La valeur est le courage mis en action ; c'est une
qualité indispensable à quiconque se trouve au milieu
des périls, et est obligé de repousser la force par la
force. L'homme courageux que la valeur anime dans
les combats, s'élève par des prodiges au-dessus des
autres hommes, et paraît à leurs yeux d'une nature
supérieure. Le courage est nécessaire dans toutes les
circonstances de la vie. C'est une des vertus du sage ;
et la réunion du courage avec la valeur est le trait distinctif du héros. »

*Demande*. Pourquoi avez-vous dit : *La valeur est le courage mis en action?*

*Réponse*. Cette réponse m'est venue sur les passages suivans : Long-temps sa *valeur* le soutint contre la multitude de ses ennemis. Je le suis de plus près, mais je ne puis égaler sa *valeur*.

*Dem*. Où avez-vous vu que c'est *une qualité indis-pensable à quiconque se trouve au milieu des périls?*

*Rép*. J'ai vu Mentor au milieu des barbares; Boc-choris luttant contre ses sujets révoltés.

*Dem*. Pourquoi *s'élève par des prodiges au-dessus des autres hommes?*

*Rép*. Télémaque dit en parlant de Mentor : Je ne puis égaler sa valeur.

*Dem*. Pourquoi le courage est-il nécessaire dans presque toutes les circonstances de la vie?

*Rép*. Mentor et Télémaque ont besoin de courage au milieu de la flotte des Troyens, chez Aceste, en Égypte, etc.

*N. B*. « Toutes les réflexions de l'élève doivent être ainsi justifiées par les faits vus; et l'on prend successive-ment pour sujets de composition, les vertus, les vices, les défauts, ou les bonnes qualités. » (Jac., p. 37, 42.)

Voyez d'autres exemples dans le Recueil de compo-sitions françaises.

Tous les mots du Télémaque peuvent en quelque sorte servir de sujet. Voyez la première phrase :

*Calypso* — Son portrait;

*Ne pouvait* — Impossibilité; — Puissance, impuis-sance;

*Se consoler* — Consolation;

*Départ* — Tableau d'un départ;

*Ulysse* — Sagesse, prudence;

*Douleur* — Douleur, ses effets ;

*Se trouvait* — Réflexion (action de se replier sur soi-même ), sentiment, conscience.

*Malheureuse* — Malheur ;

*D'être immortelle* — Immortalité , etc.

## 4°. *Etude des secrets de composition.*
### (*Par voie d'analyse et de comparaison.*)

Cet exercice est un des plus intéressans de la méthode ; il a pour objet les compositions de détail ou les compositions d'ensemble.

### 1°. *Compositions de détail.*

Dans le Télémaque, l'élève a rencontré et appris plusieurs portraits, discours, récits, descriptions, etc.

Il analyse plusieurs de ces compositions, comparant entr'elles celles qui ont le plus de rapports ; les portraits avec les portraits, les songes avec les songes, les repas avec les repas, etc.

Cette analyse est la réponse à cette question :

De quoi parle-t-on dans un portrait, physique ou moral?

———————————————— un discours qui a *tel* ou *tel* objet?

———————————————— une description de lieu, de tempête, etc. ?

En lisant des ouvrages autres que le Télémaque, l'élève y trouvera les mêmes élémens et le même art.

Ainsi, de l'observation attentive et comparée des choses que l'auteur-modèle fait entrer dans la composition d'un récit, d'un portrait, d'un discours, d'une description, etc., il déduit tous les secrets de ces sortes de compositions.

Si , par exemple, on soumet à cette analyse le portrait de Termosiris (liv. II, alinéa 26ᵉ), on y voit que , dans un portrait physique, on parle

De l'attitude de la personne,

De son visage ( front, yeux, bouche, barbe, etc. ),

De son teint,

De sa taille,

De sa voix,

De l'effet que sa vue produit.

L'analyse d'un autre portrait de même nature pourra révéler d'autres élémens de compositions, ou apprendre qu'on peint souvent d'un trait, sans entrer dans le détail, toujours *selon l'objet* qu'on se propose.

Quelquefois on généralise les secrets de composition, et on compose un sujet sur un sujet différent et même tout opposé; car plus on observe, plus l'on reconnaît la vérité de cet axiome de M. Jacotot : *Tout est dans tout*, autrement, *l'art est le même dans tous les ouvrages des hommes.* C'est ainsi que des élèves ont composé une *lettre de remercîment* sur un passage d'un discours de Cicéron ( *In Ver. de sign. Quæ vox, quæ latera......, c. 3o* ); la *description d'un combat* sur la description d'un orage (Saint-Lambert, *Saisons, été*); la *joie d'Orphée ramenant Eurydice,* sur la douleur de Calypso, etc.

### *Étude des développemens.*

On observe aussi partout les idées secondaires, c'est-à-dire, les idées accessoires que l'auteur a groupées autour de son idée principale, pour la développer.

QUESTIONS. *Comment se développe l'idée* NAVIRE? — Bancs de rameurs, rames, gouvernail, mât, cordages, etc. ( *Alinéa 2.* )

*Quelles sont les idées accessoires de* BOIS ? — Arbres,
fruits, fleurs, ombre ; — Chant des oiseaux ; — Ruis-
seaux ; — Rochers, etc. ( *Alin.* 7. )

Lorsque la même idée principale se représente dans
l'ouvrage ou dans tout autre, on compare si les moyens
de développemens , autrement les idées secondaires,
sont les mêmes ; s'ils sont différens , on s'enrichit de
ces différences, dont on se demande la cause.

On peut aussi généraliser les idées secondaires. Par
exemple : le mot principal du premier alinéa est *douleur.* Les idées secondaires sont : départ, se trouver
malheureuse ; — chant; — nymphes; — se promener
seule ; — souvenir , demeurer immobile , larmes,
vaisseau d'Ulysse. En généralisant ces idées secondaires , on trouvera que l'idée *douleur* se développe
ainsi : indication de la cause; — situation réfléchie de
l'individu qui éprouve la douleur ; — sa conduite actuelle comparée à sa conduite passée ; — ce que font ou
ce que ne font pas les personnes circonstantes; — *Ite-
rùm* , mouvemens de l'individu, relatifs à la *cause* de
la douleur.

Au mot *douleur* substituez, si vous voulez, le mot *joie*
ou tout autre sentiment à peindre, vous en aurez également les secrets de composition et de développemens.

L'étude des idées secondaires est fort importante ;
leur science constitue l'imagination ; leur disposition
et leur emploi, le goût. Celui qui n'a que peu de développemens, ou qui fait revenir toujours les mêmes,
est pauvre d'idées ; c'est sa faute, et non celle de la
nature; il n'a qu'à observer pour les acquérir ; répéter
pour les associer et les retenir.

## 2°. *Compositions d'ensemble.*

Pour étudier les secrets de composition d'ensemble, on choisit un des livres du Télémaque, et,

1°. L'on réduit chaque alinéa à sa *proposition principale ;*

2°. On réunit ces propositions principales, et l'on choisit les plus saillantes pour composer le sommaire.

3°. Dans ce sommaire, on cherche les *phrases générales* ou divisions, qui font connaître le *plan.*

4°. Soumettant ces *phrases générales* à une nouvelle réduction, on trouve la PROPOSITION GÉNÉRALE, et enfin, dans cette proposition générale, le *mot abstrait* de chaque livre ; mot dont tout le reste est le développement.

Pour cette étude, on peut choisir le 2ᵉ et le 15ᵉ livres du Télémaque ; plus tard, on fera le même travail sur un autre livre, sur une tragédie, un discours. . . . ; mais toujours en rapportant tout au chant du Télémaque qui a été analysé.

C'est ainsi qu'on apprend, par l'analyse et la comparaison, l'art de la composition et des développemens.

### *Observations générales.*

Dans cette étude, il faut observer :

1°. L'unité ;

2°. L'ordre et la progression ;

3°. La proportion ;

4°. La variété.

On reconnaîtra que,

1°. Le secret de l'*unité*, ou le moyen de ne jamais sortir de son sujet, c'est de répéter la PROPOSITION GÉNÉRALE (mais toujours sous des formes différentes).

( 59 )

2°. L'*ordre* et la progression dépendent de la subordination et de la gradation des phrases générales.

3°. La *proportion* concerne les développemens qui doivent être plus ou moins étendus, selon leur importance, laquelle est relative au BUT que se propose l'écrivain.

4°. La *variété* est produite, 1°. par les idées secondaires, jointes aux mots principaux ; c'est la *variété d'images* ;

2°. Par les formes qu'il faut diversifier avec soin ; telle idée, par exemple, peut être en action, en récit, en interrogation, en prière, en chant, etc. L'imitation est un moyen de se familiariser avec ces formes.

On remarque aussi les propositions qui ne sont pas développées ; celles qui servent de transition, etc. , etc.

Voilà des exercices qui accoutument singulièrement,

1°. A suivre exactement le fil des idées de tout ouvrage, de tout discours ;

2°. A mettre de l'ordre et de la liaison dans ses propres idées, et dans tout ce qu'on a à dire ou à écrire. Ils sont, par conséquent, éminemment propres à préparer, soit à l'art d'écrire, soit à l'art de parler et d'improviser, à la tribune, au barreau, dans la chaire.

## 5°. *Synonymes d'intention et de composition.*

Dans toutes les compositions de détail ou d'ensemble qu'on étudie, on se demande, *quel est le* BUT *de l'Auteur, quels sont les* MOYENS *qu'il emploie pour l'atteindre, quel est son* ART.

On compare sous ce double ou triple point de vue, des compositions analogues. C'est à cet exercice que M. Jacotot a donné le nom de *synonyme d'intention et de composition.*

( 60 )

« Ce que nous appelons *synonymes*, c'est-à-dire, les
COMPARAISONS, voilà l'unique exercice de l'enseignement universel; *regardez* et *comparez* toute votre vie,
vous ne verrez jamais tout. » (Jac.; *Lang. mat.*, p. 81.)

« Avant de proposer ces synonymes, on s'assure que
l'élève sait six livres par cœur, et qu'il connaît les
autres, par les exercices dont ils ont été l'objet, et les
sujets de composition qu'ils ont fournis. » (*Id.*, p. 59.)

Alors on fait parler ou écrire les élèves sur l'*intention* de l'auteur dans la *composition* des morceaux analogues (1).

Dans le premier livre on trouve la *douleur* de Calypso
causée par le départ d'Ulysse; dans le second, la *douleur*
des Égyptiens causée par la mort de Sésostris; on demande la *comparaison* de ces deux morceaux. Ils expri-
ment le même sentiment, c'est leur ressemblance; mais
ce sentiment est décrit d'une manière différente, d'après
le but de l'auteur. Suivons ces nuances :

« Calypso et les Égyptiens sont inconsolables. La
déesse a vu partir Ulysse; les habitans d'Égypte ont
perdu leur roi Sésostris. Des deux côtés c'est le tableau
d'une douleur, la différence réside dans les détails.
Effectivement, quels genres opposés ! comment le
même pinceau a-t-il pu varier ainsi ses touches?

« Quelle esquisse légère de cette immortelle qui
regrette l'attribut de sa divinité ! et pourquoi? Elle
pleure l'indifférence d'Ulysse; et la mort seule peut
l'arracher à ses larmes, à son désespoir. C'est la douleur de l'enfance à qui la perte d'un hochet semble le plus
grand des maux. Ulysse n'est plus auprès de la déesse,

---

(1) Marmontel a dit : *Regardez l'intention et le rapport des objets
entre eux.*

comment vivre sans Ulysse? mais il viendra bientôt un autre Ulysse, et les regrets auront cessé. Malheureuse Calypso, je suis peu touché de ton sort.

» Mais d'où partent ces cris? d'où viennent ces gémissemens, ces sanglots qui laissent entendre les noms d'ami, de protecteur, de père? ah! qu'il est à plaindre celui qui n'a plus son meilleur ami! que je compatis à la peine du faible qui a perdu son protecteur! je suis fils, et je pleure avec un fils sur le tombeau d'un père. Qui peut inspirer de pareils regrets? que cette existence était précieuse! c'est de Sésostris qu'on déplore la perte. Combien il méritait d'être aimé, ce bon roi Sésostris! oui, je conçois l'abattement de ces vieillards, leurs regrets à la vie, en se rappelant qu'ils ont perdu celui à qui ils devaient leurs anciens plaisirs et la durée de leur bonheur. Cette douleur excite ma douleur; les cris que j'ai entendus m'arrachent des cris; et même au souvenir de cette affliction, mon cœur palpite, des tressaillemens l'agitent, et des larmes remplissent long-temps mes yeux..... »

« Un enfant peut faire des synonymes de composition comme un grand élève. J'ai proposé de comparer la composition de deux discours de Télémaque; le premier à Aceste, dans le 1er livre; le second à Sésostris, dans le 2e livre : voici ce qui a été remarqué par l'élève.

« 1. Télémaque errant pour chercher son père, se trouve en présence d'un roi : c'est le même sujet.

» 2. La situation est la même; il est au pouvoir d'Aceste; il est au pouvoir de Sésostris.

» 3. Mais Aceste lui parle durement et le menace; Sésostris l'accueille avec bonté.

» 4. L'auteur n'a point fait le portrait d'Aceste, mais il se complaît à détailler les vertus de Sésostris.

( 62 )

5. » Il est donc naturel que le jeune fils d'Ulysse s'irrite contre Aceste, et parle à Sésostris avec une confiance respectueuse.

» Télémaque dit à Sésostris : *Vous n'ignorez pas, ô grand roi !* il dit à Aceste : *Sachez, ô roi !* que je suis *Télémaque, fils du sage Ulysse.* Il est impossible de mieux peindre les sentimens du jeune homme. De ces deux expressions, la première est modérée et respectueuse ; l'autre, au contraire, est fière et menaçante : elle montre bien ce que doit éprouver Télémaque à la vue d'un ennemi que son père a vaincu. *Sachez !...* ce mot est prononcé dans le transport de l'indignation.

» Lorsque Télémaque dit : *O grand roi !* on sait que ce jeune prince est saisi d'un profond respect à la vue de Sésostris.

» Fénélon fait dire à Télémaque, d'un côté, *rendez-moi à mon père*, et de l'autre, *ôtez-moi la vie ;* quelle différence ! dans le premier passage, c'est une prière, dans l'autre, c'est le mouvement d'un cœur offensé. Rien ne dépeint mieux le caractère hautain du jeune Télémaque. » (Lasteyrie, *Rés. de la méth.* p. LXXXVII.)

EXERCICE COMPLÉMENTAIRE.

## *Etudes littéraires.*

Par *études littéraires*, nous entendons celles qui ont pour objet de faire connaître les règles auxquelles sont soumis les divers genres d'ouvrages de littérature.

Il est clair, d'après tout ce que nous avons dit, que, pour arriver à cette connaissance, il faut,

1°. *Lire* successivement divers ouvrages de littérature ;

2°. Les *rapporter*, quant à la composition, au Télémaque : on y trouvera le même art ;

3°. *Vérifier* une poétique, si c'est un poëme ; une rhétorique, si c'est un *discours*, etc. ; pour savoir les noms que les rhéteurs et les poëtes ont donnés à leurs observations sur leur art, et avoir avec eux une langue commune.

Les ouvrages que l'on conseille de *vérifier* sont :

Le *Traité classique de littérature*, par Grandperret, comme ouvrage court, et renfermant les règles des ouvrages en vers et des ouvrages en prose.

La *Rhétorique de Leclerc*, pour la rhétorique spéciale.

L'*Art d'écrire* de Condillac, pour l'art d'écrire en général.

### *Pratique de cet exercice.*

Quand un élève sait une fable ou une ode, et qu'il en a lu plusieurs autres, en les rapportant, soit à la fable ou à l'ode apprise, soit au Télémaque, on le fait *parler* et *écrire* sur l'apologue, sur l'ode, etc.

Puis on lui fait comparer ce qu'il a dit ou écrit, à ce qu'ont écrit sur ces genres, Grandperret, Marmontel, Batteux, Laharpe ou autre.

### OBSERVATION *sur les fonctions du maître.*

Le maître, pour *corriger* toutes ces compositions, les lit ou les fait lire ; demande aux élèves eux-mêmes ce qu'ils en pensent, si c'est bien, si c'est mal ; ce qui est bien, ce qui est mal ; et pourquoi ; quel fait, quelle observation, leur a suggéré telle pensée ; où ils ont vu telle expression, etc.

Toujours il doit encourager, louer ce qui est bien, applaudir même aux efforts, aux essais peu heureux, et persuader aux élèves que, pour parvenir à faire bien, IL FAUT QU'ILS AIENT LE COURAGE DE FAIRE MAL D'ABORD.

## V. LANGUES ÉTRANGÈRES. — LANGUE LATINE.

Pour faire connaître l'application de l'enseignement universel à l'étude d'une langue étrangère quelconque, nous prendrons pour exemple la langue latine, objet ordinaire des études de la jeunesse.

Celui qui veut apprendre le latin, apprend d'abord par cœur quelques pages d'un auteur bien écrit dans cette langue, et dont il a la traduction dans sa langue maternelle. Il apprend en même temps texte et traduction, phrase par phrase, et répète tous les jours.

Le choix du livre est indifférent, pourvu que l'élève puisse l'entendre dans sa propre langue. M. Jacotot a adopté, pour les enfans, l'*Epitome historiæ sacræ* de Lhomond, où l'on trouve simplicité, variété, intérêt (1).

Dès la première phrase, l'élève a lieu de comparer quelques mots de cette langue nouvelle à quelques-uns de la sienne, rapportant ainsi ce qu'il ne sait pas encore à ce qu'il sait déjà.

Par exemple, *Deus*,     à Dieu ;
            *Creavit*, — Créa ;
            *Cœlum*, — Ciel ;
            *Et*,       — Et ;
            *Terram*, — Terre ;
            *Intrà*,    — En ( entre ) ;
            *Sex*,     — Six,
            *Dies*,     — Diurne ( s'il connaît déjà ce mot ).

A mesure qu'il avance dans l'étude de ces pages, il

---

(1) Pour celui qui voudrait étudier diverses langues, il serait bon d'adopter pour toutes le même épitome, par exemple, les mêmes livres du Telémaque. Le terme auquel on rapporte étant bien connu d'avance, la mémoire se trouve soulagée, et le travail diminué presque de moitié.

rapporte

rapporte encore TOUS les mots qu'il voit pour la première fois, à ceux qu'il a déjà reconnus ; par exemple :

*Cœlestis*,     à *Cœlum ;* et au français, *Céleste.*
*Terrestris*, — *Terra ;*         *Terrestre.*
*Sextus*,    — *Sex ;*         *Sixième*, etc.

S'il n'a pas compris, dès la première phrase, que
*dies* signifie *jour*, il le devinera aisément dans les
phrases suivantes, où il trouvera *primo die*, *secundo
die*, etc.

On lui demandera les phrases, membres de phrases,
expressions, en latin, qui correspondent à *telles* phrases, parties de phrases, et expressions du français, et
*vice versâ*.

Il comparera les mots, soit dans leurs *radicaux*,
soit dans leurs *désinences ;* apprendra ainsi la valeur
de chaque syllabe, de chaque lettre ; et distinguera de
lui-même des *familles* de mots.

Quand il aura appris ainsi quelques pages, il con-
naîtra à très-peu près la valeur de la plus grande partie
des désinences, et des radicaux de la langue, dont le
nombre, comme on sait, est très-borné ; il aura aussi
une idée de la syntaxe. A la rigueur, il pourra dès
lors se dispenser d'apprendre par cœur ; mais il con-
tinuera de lire le même auteur, en *rapportant* toujours
tout à ce qu'il a déjà vu, et qu'il s'est rendu parfaitement présent par cette répétition journalière, qui est
un exercice fondamental de la méthode, et qu'il ne doit
interrompre, sous aucun prétexte.

Quant aux mots qu'il n'aura pas encore vus, il en
cherchera le sens dans la traduction, les notera et en
fera une liste, qu'il relira aussi tous les jours. Ce sera
le supplément de l'*Epitome*.

5

Lorsque l'élève, par les exercices précédens, se sera un peu familiarisé avec la langue nouvelle, on passera à l'exercice de *raconter* (voy. p. 9). A l'*Epitome historiæ sacræ*, on substituera successivement *De viris illustribus urbis Romæ*, Phèdre, Cornelius Nepos, puis Quinte-Curce. On mettra ces auteurs ( avec la traduction ) entre les mains de l'élève, qui lira *une seule fois* le français, puis le latin, et *racontera* en latin une page, une fable ou un chapitre; après cela, on pourra lui faire relire le même morceau.

Cet exercice se fera d'abord très-mal; il y aura des barbarismes, des solécismes; il ne faut point s'en effrayer; il n'est pas même *nécessaire* de les reprendre; on peut cependant réveiller l'attention de l'enfant, qui, à la seconde lecture, verra lui-même en quoi il a péché. Après quelques semaines ou quelques mois d'exercice, on sera étonné de la facilité que l'élève aura acquise.

On l'accoutume aussi à entendre le latin ( sans le secours de la traduction ); c'est-à-dire, à lier les idées à une simple lecture, laquelle, d'abord, doit être très-lente. Le sens des mots qui l'arrêtent, il le recherche en rapportant les radicaux ou les désinences aux désinences ou aux radicaux qu'il possède dans son *Epitome*.

Il est bon de donner des *thèmes*, c'est-à-dire, du français à traduire en latin, pourvu que l'on n'y fasse entrer que des mots et des tours que les élèves ont vus dans leur épitome. Pour les *versions*, ou latin que l'on donne à tourner en français, on prend le même soin, afin que les enfans puissent se passer des dictionnaires, où, en général, ils ne puisent que des idées fausses.

On peut aussi faire en latin les *imitations*, *traductions*, et tous les exercices que nous avons indiqués

( 67 )

pour l'étude complète de la langue maternelle. (P. 49.)

Mais auparavant, et dès que l'on a acquis, par l'usage, la connaissance de la langue, il est bon d'en étudier la grammaire. Comme nécessairement on a fait des observations sur la forme et les antécédens des mots, sur la manière dont ils se construisent, etc., on compare ces observations à celles des grammairiens ; autrement on *vérifie* une grammaire ; on la *raconte*, et on sait la grammaire.

Pour cet exercice, on devrait choisir celle de Guéroult, ou celle de M. Morin, qui sont plus philosophiques que celle de Lhomond.

Des maîtres prétendent perfectionner la méthode de M. Jacotot, en la modifiant ; ils croient aider les enfans, en leur donnant, dès les premiers jours, des tableaux de déclinaison et de conjugaison. C'est un *perfectionnement* funeste ; c'est un véritable retardement, parce qu'ils s'éloignent de la voie de la nature. Leurs élèves sauront peut-être conjuguer plus tôt, mais ils sauront la langue bien plus tard.

Ici nous ferons remarquer qu'on pourrait simplifier beaucoup tout ce qui concerne la déclinaison et la conjugaison latine, qui est exposée fort longuement dans toutes les grammaires.

Pour la déclinaison, on pourrait faire faire aux élèves le *tableau analogique* suivant, qui a été dressé d'après Varron. *Si quis principium analogiæ quæsierit, proficisci debet à* SEXTO *singulari casu, qui est* PROPRIUS : *Latinis enim non est casus alius. His litterarum discriminibus,* FACILIUS *reliquorum varietatem discere poterit ; quòd ii habent exitus aut in A, aut in E, aut in I, aut in O, aut in U, etc.* (Voy. Varron, *de ling. lat.*, lib. IX.)

5*

# TABLEAU ANALOGIQUE DES DÉCLINAISONS,

## D'APRÈS VARRON.

| | SINGULIER. | | | | |
|---|---|---|---|---|---|
| | I. | V. | III. | II. | IV. |
| *Ablatif.* | ā, | ē, | *i*, ĕ, | o, | *u*, |
| *Datif.* | *aï*, æ, | ei, | ī, | o, | ui, |
| *Génitif.* | *aï*, æ, | ei, | is, | i, | *uis*, ûs, |
| *Accusatif.* | am, | em, | *iin*, em, | *om*, um, | um, |
| *Nominatif.* | a. | es. | » s. | us, | us, |
| *Vocatif.* | Semblable au nominatif. | | | e. | » |

| | PLURIEL. | | | | |
|---|---|---|---|---|---|
| | I. | V. | III. | II. | IV. |
| *Ablatif.* | is, } *abus*, | ebus, | ibus, | is, } *obus*, | ibus } *ubus* |
| *Datif.* | is, } | ebus, | ibus, | is, } | ibus, } |
| *Génitif.* | arum, | erum, | um, | orum, | uum' |
| *Accusatif.* | as, | es, | es, | os, | *ues*, us, |
| *Nominatif.* | *aï*, æ, | es. | es. | i. | *ues*, us. |
| *Vocatif.* | Semblable au nominatif. | | | | |

## OBSERVATIONS.

Les formes écrites en lettres italiques sont anciennes ou peu usitées.

1. L'ablatif singulier se compose de l'une des cinq voyelles.

2. Le datif se forme en y ajoutant un *i*, écrit ou souscrit; ce dernier a disparu à la IIe, et a été changé en *e* à la Ire.

Au pluriel, ajoutez *bus* à la voyelle du singulier, pour les IIIe, IVe, V[e]; changez-la en *is* à la Ire et IIe. Cependant, à la Ire, plusieurs conservent *abus*; à la IIe, *obus* dans *duobus*.

3. L'*i* ajouté à la voyelle, caractérise aussi le génitif (*aulaï in medio*, etc.); *s* ajoutée à *i*, distingue la IIIe et la IVe; cette dernière est une contraction de la IIIe.

4. *M* ajoutée à la voyelle de l'ablatif, forme l'accusatif.

5. *S* caractérise beaucoup de nominatifs.

6. A la 11ᵉ, la syllabe *us* étant trop sourde pour appeler, on a terminé ce cas en *e*, qui est plus sonore.

Les noms neutres ne diffèrent dans leurs désinences des masculins et des féminins, qu'en ce qu'ils
ont trois cas semblables ; *nominatif, vocatif* et *accusatif;* et ces trois cas sont en *a* au pluriel, etc.

Pour la conjugaison, qui occupe plus de soixante ou
quatre-vingts pages dans certaines grammaires, on peut
aussi la faciliter par le tableau suivant, qui renferme
toutes les désinences de *Ire* et de *Esse*, que l'on peut
considérer, d'après Bergier ( *Elém. primit. des lang.*,
page 120), comme les auxiliaires de tous les verbes,
aux radicaux desquels ils se joignent avec une contraction qui est facile à saisir pour les élèves de l'*Enseignement universel* (1).

_______________

(1) « Quand on dit Τύπτω, τύπτεις, τύπτει; τύπτομεν, τύπτετε,
τύπτουσι, etc., si l'on retranche la syllabe radicale du verbe,
qui est τύπτ, que reste-t-il? ω, εις, ει; ομεν, ετε, ουσι. C'est le
verbe substantif pur, dans toutes ses inflexions, avec de
très-légères variétés.

» De même, si dans les conjugaisons latines on retranche
la syllabe radicale, il ne reste que le verbe *eo*, *ire*, dans
tous ses temps, avec le changement des voyelles selon les
conjugaisons *o*, *are*, *eo*, *ere*, *io*, *ire*, etc.........

» L'on en sera convaincu, si on veut faire attention,
1°. que ἐω, εἰμι, en grec, signifie également *je vais* et *je suis;*
2°. qu'en français l'on confond encore ces deux verbes : on
dit *j'ai été*, ou *je fus*, pour *je suis allé;* et au contraire,
*cela va mal*, pour *cela est mal*, etc....... »

## IRE, EO, *auxiliaire des verbes actifs.*

| | | Nom du verbe | Adj. du v. | INDICATIF | SUBJONCTIF | IMPÉR. |
|---|---|---|---|---|---|---|
| **Présent.** | *Gérond.* — Prés. actuel. | I RE.<br>e undo,<br>e undi,<br>e undum, | e unte,<br>e unti,<br>e untis,<br>e untem,<br>i ens, | E o,<br>i s,<br>i t,<br>i mus,<br>i tis,<br>E unt. | E am,<br>E as,<br>E at,<br>E amus,<br>E atis,<br>E ant. | i,<br>i to,<br><br>i te,<br>E unto. |
| **Imparf.** | Prés. antérieur. | | | i bam,<br>i bas,<br>i bat,<br>i bamus,<br>i batis,<br>i bant. | i rem,<br>i res,<br>i ret,<br>i remus,<br>i retis,<br>i rent. | |
| **Futur.** | Prés. postér. | | i turus. | i bo, *am,*<br>i bis, *es,*<br>i bit, *et,*<br>i bimus, *emus,*<br>i bilis, *etis,*<br>i bunt, *ent.* | | |
| | *Supin.* | i tum,<br>i visse. | | | | |
| **Parfait.** | Prétérit. | | | i vi,<br>i visti,<br>i vit,<br>i vimus,<br>i vistis,<br>i verunt. | i verim,<br>i veris,<br>i verit,<br>i verimus,<br>i veritis,<br>i verint. | |
| **Plus-que-parfait.** | Prétéri antér. | | | i veram,<br>i veras,<br>i verat,<br>i veramus,<br>i veratis,<br>i verant. | i vissem,<br>i visses,<br>i visset,<br>i vissemus,<br>i vissetis,<br>i vissent. | |
| **Futur passé.** | Prétér. postér. | | | i vero,<br>i veris,<br>i verit,<br>i verimus,<br>i veritis,<br>i verint. | | |

ESSE, SUM, *auxiliaire des verbes passifs.*

| Nom du verbe. | Adject. du v. | INDICATIF. | SUBJONCTIF. | IMPÉRATIF. |
|---|---|---|---|---|
| E SSE.<br><br>*ri.* | *ente,*<br>*enti,*<br>*entis,*<br>*entem,*<br>*ens.* | *r,* sum,<br>*ris, re,* E s,<br>*tur,* e st,<br>*mur,* sumus,<br>*mini,* e stis,<br>*ntur.* sunt. | sim,<br>sis,<br>sit,<br>simus,<br>sitis,<br>sint. | »<br>E s,<br>e sto,<br>»<br>e ste,<br>sunto. |
| | | *r,* e ram,<br>*ris, re,* e ras,<br>*tur,* e rat,<br>*mur,* e ramus,<br>*mini,* e ratis,<br>*ntur.* e rant. | e ssem,<br>e sses,<br>e sset,<br>e ssemus,<br>e ssetis,<br>e ssent. | |
| f ore. | fut urus.<br><br>*ndus, a, um.* | *r,* e ro,<br>*ris, re,* e ris,<br>*tur,* e rit,<br>*mur,* e rimus,<br>*mini,* e ritis,<br>*ntur.* e runt. | | |
| fu isse. | *us, a, um.* | fu i,<br>fu isti,<br>fu it,<br>fu imus,<br>fu istis,<br>fu erunt. | fu erim,<br>fu eris,<br>fu erit,<br>fu erimus,<br>fu eritis,<br>fu erint. | |
| | | fu eram,<br>fu eras,<br>fu erat,<br>fu eramus,<br>fu eratis,<br>fu erant. | fu issem,<br>fu isses,<br>fu isset,<br>fu issemus,<br>fu issetis,<br>fu issent. | |
| | | fu ero,<br>fu eris,<br>fu erit,<br>fu erimus,<br>fu eritis,<br>fu erint. | | |

## OBSERVATIONS.

Les quatre conjugaisons sont caractérisées par A, ē, ĕ, i.

Ces lettres se contractent avec l'initiale de l'auxiliaire, et les voyelles longues absorbent les brèves.

Les finales indiquent les personnes. (*O*, *m*, dérivent du pronom ἐγώ, μῦ; *s*, signe de la seconde, du pronom σύ; *t*, signe de la troisième, de αὐτός.)

Remarquez les lettres qui dominent aux différens temps.

Au passif,

*R*, *ris*, *tur*; *mur*, *mini*, *ntur*, indiquent les personnes des temps présent, imparfait, futur.

Les trois temps passés se forment avec le participe passé et les temps correspondans du verbe *Sum*.

Toute la seconde partie du deuxième tableau est la même que celle du premier, si l'on regarde *f* comme un *i*; n'oubliez pas la fraternité de *u* et de *v* pour saisir plus de rapports.

Les formes écrites en *italique* sont seules étrangères aux verbes auxiliaires.

### VI. GÉOGRAPHIE, CHRONOLOGIE ET HISTOIRE.

Ces trois sciences doivent marcher ensemble, et se prêter un mutuel secours. Fondée sur la répétition et l'observation continuelle des rapports, la méthode de M. Jacotot facilite singulièrement l'étude de ces sciences si vastes et si compliquées.

## 1°. *Géographie.*

Pour la géographie, faites apprendre et répéter, avant tout, les chaînes de montagnes, d'abord sur un globe terrestre, puis sur une mappemonde, enfin sur des cartes générales et particulières (1).

Les chaînes de montagnes, dont on observera attentivement les directions, feront connaître les continens, les bassins, les cours des rivières; vous aurez dès lors la position des grandes villes ( situées ordinairement sur les rivières), les noms et les limites des contrées, des provinces, des départemens, etc.

Faites rapporter, c'est-à-dire, demandez les ressemblances des montagnes, des contrées, des cours de rivières, des villes, etc., d'après les rapports sous lesquels l'élève peut les connaître : *configuration*, *situation*, *direction*, *fertilité*, *étendue*, *population*, *climat*, *mœurs*, *événemens qui s'y sont passés*, etc.

Faites *raconter* une carte, c'est-à-dire, nommer en l'absence de la carte, les pays, les mers, les montagnes, etc., qu'elle renferme, tantôt dans un ordre, tantôt dans un autre.

Faites aussi calquer, imiter, réduire des cartes.

Dans l'étude de l'histoire, dans la lecture des auteurs, on ne doit jamais rencontrer un nom de lieu sans le *rapporter*.

On n'apprend jamais par cœur la lettre d'un Traité de géographie, il suffit de le *raconter*.

## 2°. *Chronologie et Histoire.*

Apprendre une histoire, y rapporter toutes les autres; voilà toute la méthode, et l'application du principe universel. On peut commencer par l'histoire du peuple que l'on veut.

---

(1) En allant ainsi de l'ensemble au détail, du globe terrestre à la carte particulière, l'élève se fera une idée juste des *cartes*.

On choisit dans cette histoire un petit nombre de dates d'événemens passés en divers lieux (1).

L'élève les répète tous les jours, ou les écrit en marge de sa copie. On lit les détails, 1°. du premier événement, et on les fait raconter (voyez p. 9); 2°. du second événement, et ainsi successivement. Puis on reprend le tout, en lisant le détail des événemens intermédiaires que l'on a soin de faire comparer, sous le rapport chronologique, avec les événemens choisis pour termes ou époques, et, sous le rapport moral, avec les événemens, les caractères, etc., décrits dans le Télémaque, ou déjà remarqués dans d'autres histoires.

On fait une carte spéciale où se trouvent seulement d'abord les noms de lieux où se sont passés les événemens pris pour points de départ; et on en ajoute

---

(1) La nécessité d'associer les dates, pour les retenir, a fait rechercher des rapports, même *artificiels*.

On traduit les *chiffres* en *lettres* ordinaires, choisissant celles qui ont quelque rapport (même imaginaire) avec les chiffres. Par exemple, 1 sera représenté par *t* qui n'a qu'*un* jambage; 2 par *n*; 3 par *m*; 4 par *r*; 5 par *l*; 6 par *j*; 7 par *k* ou *c dur*; 8 par *f*; 9 par *p*; 0 par *s*, qui se compose de deux *demi-zéros*.

Quand, par la *répétition* et par les *rapports* aperçus, on sait bien la valeur de ces nouveaux signes, on fait une phrase relative à l'événement dont on veut retenir la date, et qui renferme, au commencement ou à la fin, dans un ou plusieurs mots, les *lettres devenues chiffres* par la convention. Par exemple, Titus mourut l'an 81. — *Sa mort ne fut pas pour les Romains une* FÊTE. F = 8, et T = 1, ce mot représente donc l'an 81.

Pour se donner plus de latitude, à la place de ces dix consonnes, on peut prendre les autres consonnes qui ont avec celles-ci quelque analogie de son; par exemple, *d* pour *t*; *gn* pour *n*; *ll* pour *l*; *v* pour *f*, etc. Exemple : *Titus mourut empoisonné, à ce qu'on croit, par son frère Domitien, qui trouvait qu'il ne lui cédait pas le trône assez* VITE. V = 8, T = 1; VITE = 81. ( Voy. *Mnémotechnie* d'Aimé Paris. )

d'autres successivement, à mesure qu'ils se présentent dans la lecture de l'histoire.

On peut donner cette carte à imiter de mémoire.

Les élèves peuvent faire les lectures de l'histoire en particulier, et le maître, pour assurer le fruit de ces lectures isolées, adresse les questions suivantes ou d'autres semblables; mais, en général, toujours les mêmes, pour diriger l'attention de ses élèves dans leurs études particulières.

### Questions sur l'histoire.

Qu'avez-vous remarqué?

Quelles sont les dates auxquelles vous vous êtes arrêté?

A quoi *rapportez*-vous cette date?

Quels sont les événemens principaux? (*Fondations de villes, institutions, lois, combats, découvertes....*)

Quels sont les hommes qui ont figuré dans cet espace de temps, ou sous ce règne?

Quelles sont les nations étrangères dont l'histoire se lie à cette époque avec celle que nous étudions?

Quels sont les noms géographiques, nationaux ou étrangers, appris ou répétés dans l'étude de ce siècle, de ce règne, ou de cette époque?

Déterminez leur position par l'observation des faits?

Comparez cette époque ou ce règne, avec l'époque ou le règne qui précède.

Quels sont les faits analogues dans le Télémaque?

Que pensez-vous du souverain et de l'époque dont vous venez d'étudier l'histoire?

Quelle est la qualité prédominante du souverain?

Quelle influence a-t-elle eue sur les événemens?

Quel sujet de composition pourrait fournir ce récit, et quelle serait la manière de le traiter? etc., etc.

« Il ne suffit pas que le professeur enseigne l'histoire; il faut chaque jour, la leçon finie, qu'il y ajoute une demi-heure pour INTERROGER les jeunes gens sur le point d'histoire qu'il a traité, par où il fera accoucher leur esprit de réflexions, soit morales, soit politiques, soit philosophiques; ce qui sera plus utile pour eux que tout ce qu'ils auront appris. Par exemple, sur les différentes superstitions des peuples : *Croyez-vous que Curtius, en sautant dans le trou qui s'était formé à Rome, le fit fermer?* etc. » Telle était la méthode conseillée par Frédéric-le-Grand. Voy. *Mes souvenirs,* etc., par D. Thiébault, t. v, p. 153. Voy. aussi les excellens conseils de Rollin, *Traité des études;* la lettre où Bossuet rend compte de la méthode qu'il suivit dans l'instruction du Dauphin, *OEuvres complètes,* édit. in-4°, t. IX, *lettre* LXIII°; et Cousin, *Cours de l'hist. de la phil.,* 1828, leçon 8°.

## VII. MATHÉMATIQUES.

Des mathématiciens qui ont compris et apprécié l'application de la méthode à l'étude des langues, ne peuvent pas la comprendre et ne la goûtent pas appliquée à leur science. Cependant les mathématiques aussi sont une langue, et une langue bien faite, comme a dit Condillac; dans cette langue, comme dans toute autre, il y a deux choses à apprendre, des idées et leurs signes; ce sont toujours des *rapports* à exprimer et à combiner; donc, sous ce double point de vue, on peut juger *à priori,* que la méthode y sera applicable. Nous pouvons ajouter que les *faits* ont confirmé la théorie de la manière la plus éclatante. Sous un point de vue plus spécial, on peut dire aussi que les mathématiques étant des connaissances de rapports, comme la méthode consiste spécialement à *chercher*, à *établir*, à *voir des rapports*, elle convient plus particulièrement encore à ce genre d'études.

Un professeur distingué de l'Université (M. Amondieu, professeur de sciences physiques au collége royal de Nantes), a examiné avec quelque soin la méthode de M. Jacotot, et en a entretenu la Société académique de la Loire-Inférieure (1). Dans la méthode de M. Jacotot, il n'a vu que la *méthode analytique* suivie déjà par nos professeurs les plus habiles; et, par conséquent, il n'a rien trouvé de nouveau dans cette méthode, si ce n'est son application aux langues. En relisant avec plus de soin l'ouvrage de M. Jacotot, M. Amondieu y verra probablement une heureuse *combinaison des méthodes analytique et synthétique*, et, s'il interroge son expérience, ne pourra disconvenir de l'utilité du principe de la *répétition* qu'il semble n'avoir pas aperçu, ainsi que celui de la *comparaison*, qui, par rapport à la méthode nouvelle, est fondamental, et, quant aux résultats, est d'une fécondité admirable et d'un prix infini.

Dans l'enseignement ordinaire des premiers élémens du calcul, il y a un vice qui a déjà été senti, mais qui n'en est pas moins général. *On part de l'abstraction sans avoir passé par le concret.* C'est un contre-sens dans l'ordre naturel de l'entendement, c'est aller contre les voies de la nature. M. V. Cousin l'a démontré. (*Cours de l'hist. de la phil.*, 1829, pag. 423 à 434.)

---

(1) *Observations sur la méthode de M.* Jacotot, *son origine, son esprit et son véritable mode;* par M. Amondieu.... Nantes, 1829, br. in-8°.

Pour corriger ce vice, il conviendrait peut-être de faire *d'abord* et *long-temps* calculer les enfans avec les doigts, avec des jetons ou autres objets tombant sous les sens. De cette manière, on leur ferait *facilement* et *parfaitement* entendre les opérations fondamentales; puis on *répéterait* ces opérations de mémoire.

Cette base solidement établie, on les ferait (toujours au moyen de questions bien ménagées) réfléchir sur ces opérations, et, de *rapports* en *rapports*, on les amènerait à trouver *l'art d'écrire les nombres;* et de là, par degrés, à toutes les abstractions de l'arithmétique et de l'algèbre. — Même marche pour la géométrie.

On pourrait alors *vérifier* un traité d'arithmétique, d'algèbre, de géométrie, etc. Il faut se rappeler que cet exercice consiste à comparer, dans une lecture attentive et même répétée, les observations que l'on a faites soi-même à celles que les maîtres de l'art ont consignées dans leurs ouvrages.

On devrait s'exercer aussi beaucoup à *raconter,* c'est-à-dire, à parler et à écrire sur ce que l'on a fait ou lu (voy. pag. 9 et 10), pour se familiariser avec le langage des mathématiciens, et acquérir la facilité d'exprimer ses idées en leur langue.

Ici, comme dans les autres parties de l'enseignement, le rôle du maître est de diriger, de mettre les élèves sur la voie des découvertes par ses questions, et surtout de les encourager en leur montrant les progrès qu'ils ont déjà faits, ceux qu'ils feront encore, et surtout les applications des théories qu'ils découvrent.

Les *devoirs* qu'il donne consistent en imitations et traductions de calculs; en réflexions générales sur les faits qu'ils ont observés, sur les opérations qu'ils ont faites; ils rendent compte des secrets de composition et

d'abréviation qu'ils ont découverts ; font des définitions, en critiquent d'autres, etc.

*Exercice de celui qui veut apprendre seul.*

Celui qui a une volonté forte peut aussi, sans maître,
apprendre les mathématiques. Pour cela, le moyen le
plus court, c'est, 1°. d'*apprendre par cœur* (1) quelques pages d'un *traité* (ou un des épitomes qui ont été
faits exprès pour la méthode, et que nous indiquerons
ci-après dans la bibliographie).

2°. De les *répéter* tous les jours, en cherchant à voir
des *rapports*, et à s'expliquer à soi-même ce qu'on n'a
pas encore compris, par ce qu'on *sent* qu'on a saisi.

3°. De lire la suite du Traité, en rapportant TOUT à
la partie qu'on en connaît, et de la *raconter* soit de
vive voix, soit par écrit.

Un élève de l'enseignement universel cherche inces-
samment à comparer, parce qu'il sait combien ces *rapports*, même ceux d'une langue ou d'une science à une
autre, facilitent l'intelligence et secondent la mémoire.

---

(1) *Apprendre par cœur*, ce mot effraie. On déclare qu'on ne sait pas,
qu'on ne peut pas *apprendre par cœur*. — Mais sait-on quelque chose
qu'on n'ait pas *appris par cœur* ? Qu'est-ce qu'*apprendre par cœur*, si
ce n'est *mettre dans sa mémoire* ? qu'est-ce que *savoir*, si ce n'est *avoir
dans sa mémoire*, et à la disposition de la volonté? Vous voulez *savoir*,
c'est-à-dire, *avoir dans la mémoire*, et ne pas *apprendre par cœur* ?
C'est une contradiction réelle. Je vais l'expliquer. Vous ne voulez pas
mettre dans votre mémoire par un acte de votre volonté suivi et déli-
béré; vous voulez que les faits y entrent d'eux-mêmes, par des actes
discontinués, répétés à distance, et produits en quelque sorte à votre
insu. Mais voyez-vous quelle perte de temps, quelle lenteur dans vos
progrès ? Sentez-vous combien de fois vous allez oublier avant d'avoir
retenu ? Que de peine vous vous donnerez pour vous épargner celle de
ces répétitions suivies que l'on *doit* faire pour mettre plus tôt dans sa
mémoire les choses qu'on veut savoir ?

Il sait le Télémaque; aux observations qu'il a faites sur cet ouvrage, il compare et rapporte toutes les observations nouvelles qu'il a occasion de faire sur la *langue* des mathématiques, et sur l'*art* du mathématicien.

## *Exemple.*

Soit écrit le nombre 534; si nous changeons les chiffres de place, et que nous écrivions 435, la valeur, les rapports sont changés; c'est *comme* si à la place de : *Calypso ne pouvait se consoler du départ d'Ulysse,* j'écrivais : *Ulysse ne pouvait se consoler du départ de Calypso;* il y a *également* changement de valeur, de rapports, etc.

### VIII. DESSIN.

Faire copier des copies; faire imiter d'abord de menus détails, qui ne donnent aucune idée d'ensemble ni de rapports; voltiger sans cesse d'un modèle à un autre, et perdre par ce changement continuel presque toutes les acquisitions que l'on a pu faire; expliquer tout à l'élève, qui se trouve ainsi dispensé de réfléchir et de penser, ou réduit à ne voir et à ne penser que par autrui : tels sont les principaux vices de l'enseignement ordinaire; cause de dégoût, et de lenteur dans les progrès.

D'après la marche qu'indique M. Jacotot, l'élève *apprend* d'abord un modèle quelconque, mais aussi complet que possible; par exemple, une tête d'Apollon en ronde-bosse, ou une statue entière. Voilà son *épitome.* Apprendre cet épitome, c'est s'exercer à le retracer sur le papier. Les premiers essais, sans doute, seront imparfaits et même grossiers; mais l'élève va répéter ce même modèle, en cherchant toujours à

faire

faire mieux qu'auparavant, et en *comparant* sans cesse son travail actuel soit à l'objet qu'il s'est proposé d'imiter, soit à son travail précédent; il s'adresse à lui-même, ou le maître lui adresse les questions suivantes ou semblables :

Telle partie est-elle assez longue, assez large, assez arrondie ?

La forme, l'apparence produite est-elle la même ?

L'oreille est-elle bien placée ? son pli, son creux...?

Les yeux sont-ils assez, ou trop, ou également séparés ?

Le cou est-il également gros ?

Quelle est la longueur du nez ( *ou de telle partie* ), relativement à l'ensemble de la figure ?

Quelle est la partie la plus éclairée, celle qui est le plus dans l'ombre ?

L'ombre est-elle partout égale ? etc.

Telles sont les questions que l'élève, en l'absence du maître, peut s'adresser à lui-même, et dont il peut avoir la réponse dans son coup d'œil, qui s'exerce à chaque instant. La comparaison des parties du modèle lui fera bientôt connaître les proportions, les situations relatives, les formes, les raccourcis, et il possédera et l'ensemble et les détails.

L'élève parvenu à bien imiter son modèle (toujours vu du même point), cherchera à l'imiter de mémoire; et lorsqu'enfin il le possédera, alors, mais alors seulement, il pourra l'imiter vu sous un autre aspect. — Il s'exerce aussi souvent à reproduire à volonté telle partie; tantôt l'œil, tantôt le nez....

Dans une nouvelle position du modèle, il agira d'après les mêmes principes (répétition, comparaison), et il cherchera à retrouver ce qu'il a vu, et appris dans

la première. (Traits, contours, reflets, ombres, proportions....)

Dès ce moment, les progrès vont devenir plus sensibles. L'élève ne négligera pas cependant de revenir
à la première position, qui est la partie principale de
son manuel ou épitome, et qui lui sera d'un puissant
secours pour dessiner successivement le même modèle
de cinq ou six points de vue différens.

S'il a une bonne gravure ou un bon dessin de la
même ronde-bosse qu'il a prise pour modèle, l'élève
pourra encore, en y rapportant son travail, acquérir
quelques secrets d'imitation et de composition. Riche
d'observations faites par lui-même, il peut déjà les
comparer à celle des autres, c'est-à-dire, vérifier un
traité théorique du dessin.

L'élève pourra aussi s'exercer à réduire le modèle,
et, pour cela, s'aidera de ses observations sur les proportions.

Lorsqu'il saura parfaitement ce modèle que nous
appelons son épitome, l'élève, accoutumé à voir et à
rapporter, saisira les ressemblances et les différences,
avec tout ce qu'il aura à dessiner, et le rendra avec la
plus grande facilité.

Il pourra aussi s'exercer souvent à *raconter* une autre
figure, un dessin quelconque, en le retraçant de mémoire, après l'avoir vu une seule fois. Il imitera des
tableaux ou des dessins; il en traduira d'autres.

Enfin, il pourra composer, réunir des personnages
et des détails de toute espèce dans le même cadre. Il
sera devenu artiste. (Voy. Rousseau, *Emile*, liv. II.)

## IX. MUSIQUE.

Ici, comme ailleurs, les faits avant l'observation d'autrui, la langue avant la grammaire, la pratique avant la théorie.

On prend pour *manuel* cinquante airs de la méthode d'Adam ou tout autres.

L'élève en *apprend* d'abord un, puis les autres successivement. Il *répète* tous les jours tout ce qu'il a appris.

Il *compare*, il rapporte son chant ou le son de l'instrument aux signes qui le représentent; et, avec un peu d'attention, il sait bientôt la valeur des signes, blanches, noires, croches, soupirs.... Le maître en dit les noms, ou bien l'élève les trouve dans la première partie de la méthode, qu'il peut bientôt vérifier.

*Le Maître :* Donnez-moi *telle* mesure ( *en la montrant* ).

Comment écrit-on *telle* mesure, *telle* phrase ( qu'il montre ) ?

Ecrivez *telle* mesure ( qu'il chante ou joue ).

Qu'y a-t-il de commun entre *telle* phrase ou *telle* mesure, et *telle* autre? et quelle différence ?

Quelle est la valeur de *tel* signe comparé à *tel* autre ? etc., etc.

Si l'élève se trompe, *Écoutez, faites attention.*

L'élève s'exerce sans cesse à reproduire *telles* notes, *telle* mesure à son gré ; il s'habitue à voir dans les airs nouveaux pour lui, ce qu'il a vu dans les airs qu'il sait bien. Il se demande compte de tout, observe tout, et lorsqu'il est bien sûr de ces cinquante airs, il cherche à en déchiffrer un cinquante-unième, puis d'autres encore ; il retrouve toujours dans son manuel qu'il sait très-bien, et qu'il continue de répéter, la solution des difficultés qu'il rencontre.

Il peut aussi, dès qu'il sait ses cinquante airs, vérifier un traité théorique, où il retrouve ses propres observations, plus quelques observations qu'il n'avait peut-être pas faites, et qui ne lui échapperont pas dans l'occasion. ( Voy. Rousseau, *Emile*, liv. II, *in fin.* )

Pour plus de détails, voy. un des traités relatifs à la musique, et indiqués ci-après dans la *Bibliographie*.

**X. INTRODUCTION DE LA MÉTHODE DANS LES COLLÉGES.**

Les PRINCIPES sur lesquels repose la méthode de M. Jacotot, sont d'une vérité qui trouvera peu de contradicteurs de bonne foi; car nous les avons montrés appuyés sur les autorités les plus respectables.

Les EXERCICES qu'il indique et qu'il conseille, ont tous pour OBJET et pour RÉSULTAT NÉCESSAIRE, de développer toutes les facultés morales et intellectuelles des élèves, dont elle met sans cesse l'esprit en action; et, sous ce point de vue, on a eu raison de dire que cette méthode était la *Gymnastique appliquée à l'esprit*. On peut assurer aussi qu'en donnant aux enfans la conscience de leurs forces, elle leur arrache des efforts, souvent incroyables, mais dont ils sont sûrs de trouver la récompense dans le succès ; amorce séduisante qui leur fait chérir le travail. Ajoutons que tous ces exercices sont faciles à pratiquer, à diriger, à surveiller. On peut donc, avec espérance des plus heureux fruits, les introduire dans l'enseignement public.

Je ne veux pas parler ici de la nécessité de le faire ; mais, pour achever la tâche que je me suis imposée, je dirai seulement de quelle manière je crois qu'on le peut, sans secousse, sans perte de *force vive*, comme on l'a craint, et presque sans déranger aucune habitude.

## 1°. *Indication des exercices communs à toutes les classes.*

1. Pendant trois mois, RÉPÉTER, chaque jour, environ le 5ᵉ des épitomes français, latins, grecs, qui ont été appris dans la classe inférieure : c'est pour rattacher ces épitomes à ceux de la classe supérieure. En *rapportant*, on reconnaîtra que ces derniers renferment les précédens, plus quelques expressions nouvelles, quelques sens nouveaux... que l'on notera avec soin.

2. RÉCITER la leçon du jour dans les auteurs indiqués pour chaque classe. On *découpe*, c'est-à-dire, on demande les mots latins ou grecs représentant *tels* mots français de la traduction ; ou les mots français correspondans à tels mots ou à telles phrases ou parties de phrases de l'épitome latin ou grec.

Pour reprendre l'élève qui se trompe ou s'arrête dans la récitation d'une leçon latine ou grecque, il faut lui dire le mot français correspondant, plutôt que le grec ou le latin.

3. Répéter TOUT ce que l'on **a vu** de cet auteur. Chaque élève en dit plus ou moins : tous suivent, et sont toujours prêts à continuer, *au moindre signal* du maître, et sans interruption.

4. RAPPORTER. Tous les auteurs, dans toutes les classes, doivent être toujours rapportés ou comparés au Télémaque. Partout on retrouvera les mêmes mots, les mêmes idées, les mêmes caractères, les mêmes réflexions, les mêmes raisonnemens, les mêmes secrets de composition, le même art ; car tout est dans tout. Le maître cherchera donc continuellement à faire saisir ces rapports en demandant :

*Où avons-nous vu ce radical, cette désinence? — Ce mot avec ce sens ou dans un autre? — Cette alliance de mots? — Cette idée exprimée de la même manière ou d'une manière différente? — Cette forme de phrase? — Cette réflexion? — Un portrait qui ressemble à celui-là? — Le même artifice du poëte? — La même précaution oratoire? — Le même plan? — Etc., etc.; ou bien, où avons-nous vu quelque chose d'opposé et de contraire à ce que nous voyons ici?*

Dans cet exercice, nous comprenons toutes les questions indiquées, pages 45, 46, 55, 56, etc., auxquelles on ajoute souvent celles-ci : *Qu'avons-nous acquis aujourd'hui?.... De quel secret de composition; de quelle idée morale, de quelle notion géographique.... nous sommes-nous enrichis?.....*

5. RACONTER. (Voyez pages 9 et 10.)

6. LECTURE DES DEVOIRS. ( Voy. page 63. )

7. VÉRIFIER, c'est comparer ses propres observations aux observations faites par les auteurs. (Voy. pag. 36.) Cet exercice ne durera que quelques semaines dans chaque classe. Un élève lit lentement et à haute voix l'ouvrage à vérifier. Le maître, par ses questions, s'assure que les élèves l'ont rapporté à ce qu'ils ont observé eux-mêmes; il demande des exemples; on lui répond de vive voix, ou par écrit en devoir.

## 2°. *Division du temps.*

*Matin* : Une heure 1/2, pour l'étude du latin.

Une heure, pour l'étude du grec.

*Soir* : La moitié de la classe pour le français (1).

----

(1) Dans toutes les classes, depuis la *Sixième*, la seconde moitié de la classe du soir devrait être consacrée exclusivement aux mathéma-

## 3°. *Durée approximative des exercices.*

Répétition ancienne............ }
Récitation du nouveau.......... } environ 3/4 d'h.
Répétition du nouveau.......... }
Rapporter..................... }
Raconter...................... } 1 heure.
Lecture des devoirs............ | 1/2
Vérifier...................... | 1/4

4°. Je vais maintenant indiquer les exercices particuliers à chaque classe, les devoirs qu'on *peut* donner aux élèves, et les ouvrages français, latins et grecs, que l'on *peut* prendre pour épitome et pour objet de lecture et de récits. Un — séparera la matière des deux semestres.

### SEPTIÈME.

*Exerc. partic.* Exercice calligraphique (Voy. pag. 33.)
Exercice mnémonique. (Voy. pag. 10.)
Orthographe d'usage. (Voy. exercice I, pag. 35.)
A la fin de l'année, première vérification de la grammaire française.

*Devoirs.* Réponses à des questions sur les faits. (Voy. pag. 45.)
—— générales. (Voy. pag. 46.)
Morceaux à transcrire. (Exiger la calligraphie et l'orthographe.)

---

tiques, à l'histoire, aux langues modernes, et à l'histoire naturelle; études qui, grâces à une sage administration, font maintenant partie de l'éducation de la jeunesse. Mais avec ces études nouvelles, il conviendrait que la classe du matin, au moins, fût de deux heures et demie; ce que j'ai supposé dans la division du temps que j'ai proposée.

( 88 )

*Ouvr. franç.* Télémaque , liv. 1 et 2.—3.

— *Latin. Epitome historiæ sacræ* , latin - français. Soixante à quatre-vingts chapitres suffisent pour épitome. — On ne devrait commencer le latin qu'au second semestre.

SIXIÈME.

*Exerc. part.* Exercices calligraphique et mnémonique ; nouvelle vérification de la grammaire française; et , au second semestre , au plus tôt, première vérification de la grammaire latine.

*Devoirs.* Comme plus haut, et de plus ,

Quelques *synonymes* ou mots comparés;

Petites *imitations;*

Quelques *versions* (sans dictionnaire(1).
Le maître a soin d'éviter les mots que l'enfant peut n'avoir pas vus , si le contexte n'en peut pas faire deviner le sens.

*Récits écrits* de quelque trait raconté en classe par le maître (en latin ou en français).

*Récits de vive voix* de quelque trait que l'élève aura dû lire dans l'intervalle des deux classes (en latin ou en français).

---

(1) Les dictionnaires devraient être bannis des mains des élèves, dont ils favorisent la paresse d'esprit. Sûrs d'y retrouver les mots dont ils auront besoin , ils ne s'inquiètent nullement du soin de les retenir, et font comme celui qui, accoutumé à tout écrire et retrouver dans son *agenda,* finit par n'avoir plus la mémoire de ses propres affaires.

*Ouvr. franç.* Télémaque, livres 4, 5, 6. — 7, 8.

— *Latin*. *De viris illustribus*, latin - français,
environ quatre - vingts alinéa pour
épitome; Phèdre (lat. fr.).

— *Grec*. *Epitome historiæ sacræ*, latin-grec,
traduit en grec par M. Jacotot fils.
— C'est assez tôt de commencer le
grec au second semestre, et il suffit
d'apprendre par cœur quarante à
cinquante chapitres. Des maîtres ont
adopté le Recueil intitulé : *Epistolæ
et evangelia*, qui est précédé des
prières du chrétien : c'est un *manuel*
excellent. ( Voy. la note p. 64 ).

CINQUIÈME.

*Exerc. part.* Vérification de la grammaire latine; et
au second semestre, de la grammaire
grecque. ( *N. B.* La plus courte sera
la meilleure pour cet exercice.)

Mythologie. (On raconte l'*Appendix de
Diis*, ou un traité français de mythologie.)

*Devoirs*. Les mêmes qu'en sixième, et de plus,
Traductions. (Voy. p. 52.)

Pour thèmes (sans dictionnaires), des
morceaux français imités sur des passages de leurs auteurs latins ou grecs.

Multiplier les *récits* dans les trois langues.

*Ouvr. franç.* Télém., liv. 9, 10, 11. — 12, 13, 14.

— *Latins*. Cornelius Népos, à lire, rapporter et
raconter; Métamorphoses d'Ovide,
trois cents vers pour épitome. (Obser-

vation de la quantité, au second semestre.)

*Ouvr. grec.* On continue d'apprendre l'*Epitome
hist. sacræ*, indiqué ci-dessus ; on
y rapporte et on raconte les fables
d'Esope (plusieurs fois chacune). On
peut lire aussi les dialogues de Lu-
cien, et les faire raconter par autant
d'élèves qu'il y a d'interlocuteurs
dans le dialogue, chacun ayant son
rôle.

### QUATRIÈME.

*Exerc. part.* Vérification d'une grammaire générale
( celle de P. R. ou de Sacy ).
Vérification de la prosodie latine.

*Devoirs.* Les mêmes, plus
*Etudes philosophiques et collectives.*
( Page 53. )
*Etude des secrets de composition.*
( Page 55. )
Vers latins (1).

---

(1) Après que les élèves auront lu et relu ( *en cinquième* ) une grande
partie des *Métamorphoses d'Ovide* ; et ( *en quatrième* ) la plus grande
partie possible de Virgile ; qu'ils auront observé la *composition* des vers
et la quantité ; qu'ils auront *fait leur Prosodie* et vérifié celle de P. R. ,
ou toute autre ; il sera bon de leur faire composer à eux-mêmes des vers
latins , pour qu'ils puissent mieux apprécier la poésie latine.

Pour cela, loin, bien loin tous les dictionnaires, tous les *Gradus* per-
fectionnés.

Les élèves recomposeront d'abord des vers d'Ovide ou de Virgile,
qu'ils auront lus, et qu'on leur donnera en prose plus ou moins éloignée
des textes.

Un peu plus tard, ils imiteront; enfin, ils composeront eux-mêmes,

*Ouvr. franç.* Télémaque. Livre 15 et 16. — 17 et 18.

L. Racine, Poëme de la religion, 1 et 2ᵉ ch.

— *Latins.* Quinte-Curce, à lire et raconter.

Virgile, environ 600 vers pour épitome de versification et poésie.

— *Grecs.* Xénophon, Cyropédie à lire et raconter.

Iliade, A., 3 à 400 vers pour épitome.

Versification rapportée à la versification latine.

### TROISIÈME.

*Exerc. part.* Vérific. de l'art d'écrire de Condillac.

——— D'un traité de versification française.

——— Latine et grecque.

*Devoirs.* Les mêmes, avec plus d'étendue, et de plus, *synonymes d'intention et de composition.* ( Page 59. )

*Ouvr. franç.* Télémaque, 19, — 20.

Henriade. On la raconte, on récite les plus beaux morceaux.

Boileau, deux satires et deux épîtres. On en lit et on en compare plusieurs.

— *Latins.* Tite-Live, *narrationes* à raconter en latin et en français.

---

à l'aide des nombreuses alliances de mots dont la répétition et l'observation auront enrichi leur mémoire, et avec la connaissance qu'ils auront acquise, par l'analyse et la comparaison, des nombreux artifices des poëtes.

Enfin, ils feront comme on faisait avant l'invention des *Regia Parnassi* et des *Gradus ad Parnassum*, qui ne datent pas de plus de deux siècles, et comme font encore tous ceux qui nous donnent en cette langue des vers supportables.

( 92 )

Cicéron, quelques lettres, *de naturá
deorum* ( morceaux choisis).

Virgile, 5oo vers ajoutés à l'épitome de
la classe précédente.

*Ouvr. grecs.* Plutarque, vie de Cicéron ou de Marius.
Homère.

### SECONDE.

*Exerc. part.* Nouvelle vérification de l'art d'écrire de
Condillac.

Vérification du discours de réception de
Buffon, et de la poétique de Grandperret.

*Devoirs.* Les mêmes. Quelquefois devoirs libres,
c'est-à-dire, au choix des élèves.

*Etudes littéraires.* ( Voy. p. 62. )

*Ouvr. franç.* Éloge de Fénélon, par Laharpe; Athalie;
Boileau, art poétique.

— *Latins.* Tacite, vie d'Agricola.

Cicéron, *in Verr. de signis* ou *de sup-
pliciis*.

Virgile, 5oo vers pour épitome.

Horace, odes, épîtres.

— *Grecs.* Démosthène, une philippique.
Homère.

### RHÉTORIQUE.

*Exerc. part.* Vérification de la rhétorique de Leclerc
ou de Grandperret; de l'Art poétique
d'Horace ;

On raconte les *dialogues sur l'éloquence*
de Fénélon ;

On analyse tout. (Voy. p. 58.)

*Devoirs.* Les mêmes, et de plus quelques grandes
compositions.

*Ouvr. fr.* Bossuet, oraison funèbre du prince de
Condé ; Massillon, un discours.
— *Latins.* Cic., *de Oratore.* — *Pro Milone.*
*Conciones ex historicis.* (Trois discours
seulement pour épitome.)
— *Grecs.* Démosthène, *pro coroná.*
Euripide ou Sophocle, une tragédie.

PHILOSOPHIE.

# *Logique.* — *Métaphysique.* — *Morale.*

### 1°. *Logique.*

Dans le Télémaque, qui a été généralement adopté
pour base de tout enseignement par la méthode de
M. Jacotot, y a-t-il des *idées*, des *jugemens*, des *propositions*, des *raisonnemens* ?

Peut-on considérer ces *idées*, ces *jugemens*, ces
*propositions*, ces *raisonnemens* sous différens points
de vue, en examiner le fond et la forme ?

Peut-on faire des observations générales sur ces divers objets ?

Il est impossible de ne pas répondre d'une manière
affirmative à ces questions ; donc on peut apprendre la
*Logique* dans le Télémaque.

Nous comparerons ensuite nos observations aux observations faites par les auteurs de logique ; autrement
nous *vérifierons une logique* ; celle de Dumarsais,
celle de Hauchecorne, par exemple ; nous y appren-
drons les termes techniques, et nous saurons la *logique.*

### 2°. *Métaphysique.*

Les personnes qui agissent dans le Télémaque font-
elles des opérations intellectuelles ?

Pouvons-nous examiner ces opérations, les distinguer les unes des autres, les comparer et en faire l'objet de nos observations ?

Pouvons-nous nous replier sur nous-mêmes, observer ce que nous faisons, quand nous faisons les mêmes opérations ? étudier les facultés de notre âme?

Pouvons-nous ensuite comparer nos observations à cet égard, aux observations faites par Locke, Condillac, Laromiguière, V. Cousin, de Bonald, etc. ?

On ne saurait le nier ; donc on peut apprendre la *Métaphysique* avec le Télémaque.

### 3°. *Morale.*

Enfin, y a-t-il dans l'ouvrage de Fénélon des réflexions morales ?

Y e-t-il des faits sur lesquels on puisse faire des réflexions semblables ?

Peut-on y observer ses devoirs envers la Divinité, envers ses semblables, envers soi-même ?

Peut-on raisonner sur ces devoirs ?

Peut-on enfin comparer les observations que l'on aura faites à celles des moralistes ?

De la réponse affirmative que l'on est obligé de faire à toutes ces questions, je conclus que l'on peut étudier la *Morale* dans le Télémaque, et enfin faire dans cet ouvrage un cours complet de bonne *Philosophie.* Mais l'objet et les limites surtout des deux premières parties de ce *cours*, sont trop peu déterminés, pour que je me permette d'en tracer ici le plan.

# TROISIÈME PARTIE.

## RECUEIL DE COMPOSITIONS FRANÇAISES.

LES compositions suivantes ont été prises, presque sans choix, entre plus de mille qui ont été faites par des élèves de l'Enseignement universel à Clermont-Ferrand, et sont *telles qu'elles ont été faites* et remises par eux. Pour *toutes* ces compositions, le *mot seul* du titre a été donné aux élèves, qui ont quelquefois indiqué leurs secrets de composition, que nous mettrons à la suite.

Nous laissons subsister *toutes* leurs fautes et incorrections, car on ne les offre point ici comme des chefs-d'œuvre, ni comme des modèles ; mais c'est pour continuer d'indiquer la marche suivie dans l'Enseignement universel, et montrer des résultats obtenus après un, deux et, au plus, neuf mois d'exercice.

## IMITATIONS.

### N° 1ᵉʳ. *Demande d'Esther à Assuérus.*

Sur les demandes de Télémaque à Calypso et à Sésostris.

O grand et généreux monarque ! serez-vous insensible aux larmes de celle que vous avez daigné honorer du glorieux titre de votre épouse ? Non, magnanime héros, non, vous ne rejetterez pas les prières d'une infortunée qui vous implore pour sa propre vie et pour les jours d'un malheureux peuple qui, après avoir gémi si long-temps sous les murs de Babylone, a été si injustement condamné à périr. Les Juifs, autrefois souverains d'une des plus riches contrées de la terre, voyaient prospérer leur nation, et croyaient n'avoir aucun vœu à former. Maintenant, hors de leur patrie, réduits à l'esclavage et condamnés à la mort, ils vous implorent par ma bouche. Voyez les infortunés descendans d'Abraham en proie à tous les maux , ayez pitié de leurs malheurs, rendez-les à la vie, ils ne demandent que la paix ; ils béniront chaque jour la main qui les aura si généreusement délivrés. Puisse le Dieu de nos pères vous conserver le trône que vous êtes si digne d'occuper, et faire sentir à vos peuples combien ils sont heureux d'être gouvernés par un si bon prince !

## N° 2. *Portrait de Cupidon.*

Sur le portrait de Termosiris, liv. II , alinéa 26.

Pendant que j'étais livrée à un profond sommeil, je me crus transportée dans un bosquet touffu, où j'aperçus tout à coup un enfant, qui tenait une flèche à la main. La gaîté et l'enjouement brillaient sur son visage; un sourire malin et trompeur paraissait sur ses lèvres ; sa taille était légère et pleine de grâce , son teint frais et vermeil, ses yeux vifs et perçans, sa voix douce, ses paroles flatteuses et insinuantes. Jamais je n'ai rien vu de si gracieux : c'était le petit dieu Cupidon. Ses cheveux blonds , entremêlés de myrte et de roses, tombaient en grosses boucles sur ses épaules d'albâtre; il portait un carquois rempli de flèches , qu'il s'amusait à orner de fleurs. Il m'aborde avec toute l'ingénuité de l'enfance : nous nous entretenons. Il paraissait si aimable que je ne pouvais me lasser de l'entendre, et ses discours avaient un si grand charme , que je croyais n'éprouver que du plaisir avec lui ; mais je ne tardai pas à découvrir qu'il était perfide et trompeur, et qu'il voulait me rendre sa victime. Alors, désirant éviter les maux qu'il cause, je fermai l'oreille à ses paroles insidieuses, et il s'envola tout confus.

## N° 3. *Repas des bergers.*

Sur le repas de Calypso.

Aussitôt après le sacrifice, les bergers se rendaient à l'ombre d'un frais bocage. Les bergères, avec leurs cou-

ronnes

ronnes de fleurs et leurs habits de fêtes , servaient un repas champêtre , où brillaient l'élégance et la propreté. On n'y voyait aucune viande que celle des tendres agneaux qu'ils tiraient de leurs bergeries , ou des bêtes fauves qu'ils surprenaient en gardant les troupeaux. Un lait, plus doux que le nectar , coulait des grands vases de terre dans des coupes artistement sculptées , qu'ils avaient eu soin de couronner de fleurs. On apportait , sur la fin du repas , les fruits que leurs vergers leur fournissaient en abondance. Ensuite, quelques bergères chantaient les combats des bergers contre les bêtes farouches , puis les douceurs de l'amitié, les bienfaits d'Apollon , son exil du ciel et les occupations de sa vie pastorale. Enfin, les louanges de Télémaque étaient aussi chantées ; les agrémens de la campagne et les beautés du printemps étaient élevés jusqu'aux cieux. Les bergers cependant mariaient les doux sons de leurs flûtes aux voix touchantes des naïves bergères.

## N° 4. *Char de Vénus.*

Sur le char d'Amphitrite , liv. IV.

Les Grâces, jouant en se tenant par des guirlandes de fleurs , environnaient le char de Vénus , traîné par des colombes plus blanches que la neige , et qui , fendant les airs , laissaient loin derrière elles un vaste sillon. Le char de la déesse était une conque d'une merveilleuse figure , d'une blancheur plus éclatante que l'ivoire , et les roues étaient d'or. Ce char semblait fendre les nues. Une troupe de nymphes couronnées de fleurs étaient auprès de la déesse ; leurs beaux cheveux , pendaient sur leurs épaules et flottaient au gré du vent. La déesse tenait d'une main un sceptre d'or, pour commander à tous les cœurs qu'elle voulait soumettre à ses lois : de l'autre, elle portait sur ses genoux son fils , le petit Cupidon. Elle avait un visage sur lequel brillait la jeunesse la plus vive, et un air de douceur et de majesté, qui chassait l'indifférence et la froide sagesse.

Les Grâces conduisaient les colombes et tenaient les rênes dorées. Une grande voile de pourpre flottait dans les airs, au-dessus du char; elle était à demi enflée par le souffle d'une multitude de petits zéphyrs, qui s'efforçaient de la pousser par leurs haleines. On voyait au milieu des airs, Minerve, inquiète et triste; son visage était chagrin; ses yeux, pleins d'un feu doux et austère, exprimaient la peine qu'elle avait en voyant Vénus, qui enlevait aux hommes la sagesse qu'elle voulait leur inspirer. Les Jeux et les Ris devançaient le char de Vénus, et toutes les divinités champêtres accouraient en foule et se pressaient pour voir la déesse.

## Nº 5. *Désespoir de Satan après sa chute.*

### Sur l'égarement de Calypso, liv. VII.

Il ne me sert donc de rien d'avoir voulu détrôner le roi du ciel en me révoltant contre son autorité suprême. Que ferai-je? Retournerai-je dans le ciel en suppliant, faire servir ma honte à relever sa gloire? Faudra-t-il que tous les esprits célestes, en me voyant en cet état de misère, soient encore plus attachés à leur Dieu? O malheureux! qu'ai-je fait! Non, je n'irai pas. Ils n'insulteront pas à mon malheur; je saurai bien les en empêcher. Je vais trouver mes compagnons d'infortune. Je réveillerai dans leurs cœurs cette noble audace, qu'il montrèrent lorsqu'ils combattirent sous mes étendards. Nous chasserons de ces heureuses demeures ce tyran superbe. Mais, que dis-je? où suis-je? que reste-t-il à faire? O cruelle jalousie! jalousie, tu m'as trompé! O perfide orgueil! maudit orgueil, je n'avais écouté tes pernicieux conseils que dans l'espérance de régner en maître dans ce séjour de bonheur, et tu n'as porté dans ce cœur que misères et que désespoir. J'ai révolté contre moi tous les esprits du ciel. Mon esprit immortel ne me sert plus qu'à rendre mon malheur éternel. Oh! si j'étais libre de me donner la mort, pour finir mes maux. Dieu barbare, il faut que je trouble ton repos jusques sur ton trône, puisque je ne puis plus espérer de m'y asseoir. Je me vengerai de ta cruauté. Tes anges le verront. Je t'attaquerai devant eux. Mais je m'égare. O malheureux Lucifer ! que veux-tu ? Irriter de nouveau la justice d'un Dieu qui t'a précipité dans scet abîme de misères. C'est moi qui ai allumé le flambeau de la rébellion dans ce séjour de paix et de bonheur. Quelle bonté ! quelle douceur ! quels sublimes attributs dans ce dieu ! Fallait-il irriter celui à qui je devais tout. Il eût régné ! Eh ! ne faudra-t-il pas qu'il règne, et que je ressente à jamais tout le poids de sa vengeance. Non, non, je ne souffre que ce que j'ai bien mérité. Règne, Dieu du ciel, règne en paix. Laisse Lucifer sans consolation, sans repos, ne pouvant supporter la vie ni trouver la mort : laisse-le inconsolable, couvert de honte, désespéré, avec tous ses tourmens.

## TRADUCTIONS.

# N° 6. *La vertu combat les passions.*

Sur Télémaque combattant le lion, liv. II, alinéa 36.

De toutes les victoires, la plus utile, la plus glorieuse pour l'homme, c'est celle que la vertu remporte sur les passions : car les passions nous entraînent sans cesse au delà de nos devoirs, nous portent avec rapidité vers le mal, et nous promènent d'égarement en égarement, d'abîme en abîme, jusqu'au dernier terme de l'infamie ; et il faut beaucoup de force, c'est-à-dire, beaucoup de vertu, pour résister aux insinuations perfides du vice et aux penchans corrompus de la nature. C'est avec une volonté ferme, inébranlable, qu'on doit réprimer les passions ; plus on les craint, plus elles sont redoutables : notre lâcheté seule fait leur force et leur puissance. Elles se révolteront sans doute contre les efforts de la vertu ; elles essayeront divers genres de séduction : l'ambition nous présentera ses chimères, la volupté ses fausses douceurs, l'orgueil ses vaines fumées, l'avarice ses indignes spéculations ; en un mot, toutes les passions rugiront au dedans de nous-mêmes, agiteront notre âme, bouleverseront notre cœur, mais toutes leurs attaques viennent échouer devant la vertu. La vertu appelle à son secours l'honneur et le devoir, et la vertu soustrait l'homme au plus honteux esclavage. Quelquefois, il est vrai, les passions semblent dompter la vertu ; mais bientôt elle se relève plus glorieuse, plus triomphante que jamais. En vain les passions, devenues plus irritables par la contrainte qu'elle leur impose, élèvent encore une voix ennemie ; la vertu les presse, les étouffe, les éteint : dès lors elle règne dans le cœur de l'homme, brille sur son visage, efface tous les caractères odieux du vice ; et si quelquefois elle n'est pas applaudie, elle trouve toujours en elle-même le prix de ses efforts et la récompense de ses triomphes.

### Idées du Télémaque généralisées :

*Ce qui acheva de me rendre fameux......* Honneur qui résulte de la victoire.

*Déjà il commençait un carnage affreux......* Ravages de l'ennemi.

*Je n'avais en main que ma houlette.......* Les armes.

*Hérissa sa crinière........* Portrait de l'ennemi.

*La petite cotte de mailles .......* Objets de défense.

*Trois fois je l'abattis........* Diverses chances.

*Enfin je l'étouffai........* Victoire.

*Les bergers voulurent que je me revêtisse.......* Honneur qui résulte de la victoire.

## Nº 7. *L'ambitieux persécuté par la fortune.*

Sur les regrets de Télémaque dans la tour de Péluse, II, alin. 42.

L'ambitieux se nourrit d'espérances ; son occupation est de méditer mille projets d'agrandissement ; on le voit marcher à grands pas d'entreprises en entreprises sans que rien ne l'arrête ; il semble forcer la fortune à seconder ses vues ; mais bientôt la fortune se joue de lui : la moindre circonstance, un événement imprévu le précipite tout-à-coup du faîte où l'élevaient ses pensées, et le renverse dans la boue. Toutes ses belles espérances sont évanouïes ; hon—

neurs, richesses, tout a disparu. Une vaste entreprise qui devait mettre le comble à son élévation, est devenue la source de sa ruine totale. Que sont devenues les pompeuses promesses de cet adulateur qui encourageait son ambition ? hélas! elles ne sont plus qu'un songe dont le souvenir ne lui laisse que des regrets. La nuit, il repasse dans l'amertume de son cœur son ancienne fortune; le jour paraît, et le trouve encore dans ces tristes pensées. Il voit les déplorables débris de sa grandeur, il voit une multitude de gens s'empresser à le dépouiller. Privé d'amis, repoussé de toutes parts, il est souvent obligé d'aller chercher nn asile parmi ceux que naguères il méprisa. L'homme simple dont il dédaigna la condition, est peut-être le seul qui lui accorde un regard de pitié. L'ambitieux est réduit à envier son sort; mais l'habitude des richesses est devenue pour lui un besoin; il craindrait d'abaisser son front superbe. Ainsi, il ne peut ni reprendre son ancien rang, ni jouir du repos que donne la simplicité; cette dure perplexité est le fruit de ses démarches ambitieuses, car il faut savoir se contenir dans les bornes de sa sphère.

### Sources des idées.

1°. Télémaque, avant d'être enfermé dans la tour de Péluse, espérait de revoir Ithaque; il cherchait les moyens de retrouver Mentor; bien plus encore, il osait espérer de retrouver Ulysse. Cet accroissement de bonheur idéal justifie l'idée de l'ambitieux agrandissant toujours le cercle de ses pensées. 2°. Une circonstance, un événement imprévu est pour Télémaque, comme pour l'ambitieux, la cause de ses malheurs. 3°. Télémaqne renonce à revoir Ithaque, comme l'ambitieux est obligé de renoncer à ses richesses. 4°. La tour de Péluse, qui devait sembler d'un heureux aspect à Télémaque, puisqu'il devait y faire son embarquement, devient la cause de son infortune; de même l'ambitieux qui fondait son espoir sur une vaste entreprise, y trouve le principe de sa ruine. 5°. Les promesses de Termosiris et celles de l'adulateur supposé sont également rappelées d'un fait qui doit être antécédent. 6°. L'idée des regrets est la même dans l'ambitieux que dans Télémaque. 7°. Les vagues que considérait Télémaque sont remplacées par les débris de la fortune de l'ambitieux. 8°. Télémaque porte envie à ceux dont la position n'était rien moins qu'à désirer; l'ambitieux porte envie à l'homme qu'il a jadis méprisé. La même source de pensées se trouve

par l'opposition. 9°. Semblables l'un à l'autre, Télémaque et l'ambitieux ne peuvent obtenir le bien qu'ils désiraient. La position de l'ambitieux est le fruit de ses démarches; il en est de même de celle de Télémaque, qui n'aurait point été enfermé, s'il n'avait point retardé son départ pour avoir des nouvelles de Mentor.

## N° 8. *Même sujet.*

La fortune détruit souvent tous les projets de l'ambitieux, au moment où il croit atteindre l'objet de ses désirs. Une intrigue cachée, une fausse démarche, le caprice d'un supérieur suffisent pour rompre toutes ses mesures, et le jeter dans une disgrâce imprévue. Mais alors, plus le succès lui paraissait certain, plus sa douleur est amère : l'idée de ses malheurs l'accompagne et l'obsède nuit et jour. Il repasse dans son esprit tous les propos flatteurs de l'amitié, les agréables prédictions de la flatterie, les douces espérances qui l'enivraient aux jours du bonheur; et c'est alors seulement qu'il croit à l'instabilité des choses humaines. En jetant les yeux autour de lui, il contemple avec douleur les tristes débris de sa fortune; et son ancienne félicité ne lui paraît plus qu'un songe, dont le réveil est un affreux désespoir. Quelquefois il pense aux heureux qui l'environnent, aux pauvres habitans des campagnes qu'il méprisait naguère, et dont il envie maintenant l'obscure destinée. Loin de redouter leur misère, il voudrait, et quelquefois il l'exécute, il voudrait cacher sous la bure et sa honte et ses malheurs. Que le simple citoyen est heureux, se répète-t-il souvent, à l'abri des coups de la fortune! il vit en paix sous son toit de chaume, et il meurt sans regrets comme sans souvenirs amers : hélas, je ne puis espérer ni l'un ni l'autre.

## N° 9. *Etat d'un homme à qui on rend la liberté.*

Sur l'état de Télémaque après avoir entendu la voix mugissante de la caverne, liv. II, alin. 24.

La liberté! quel trésor incomparable pour un nouvel affranchi! de quels transports elle remplit son âme! elle réveille la joie et le courage depuis long-temps assoupis dans son cœur. La voix de son maître, en lui annonçant cette heureuse nouvelle, a été pour lui la voix d'un être surnaturel et bienfaisant qui l'a tiré du sein des larmes et du malheur. Comme elle était changée! jadis elle ne lui inspirait que le trouble et la crainte; maintenant elle le transporte des plus tendres sentimens. Sa première pensée, son premier mouvement, c'est la reconnaissance; son premier cri, une action de grâces. Il porte à ses lèvres la main de son généreux bienfaiteur, la baigne de ses larmes; il se prosterne à ses pieds, embrasse ses genoux, se relève et s'étonne de se trouver tout différent de lui-même. La liberté a dissipé sa noire tristesse, et mis à la place une joyeuse indépendance: une transformation si subite a changé tous ses penchans et corrigé l'humeur de son caractère; car son âme secoue le joug honteux des passions compagnes ordinaires de l'esclavage, en même temps que son corps se voit libre de ses odieuses chaînes.

### Justification.

*La liberté*, etc. Cette première phrase remplace la première de Télémaque : *Ces paroles*, etc.; *la voix de son maître*, etc., m'a été suggérée par celle-ci : *Je ne sentis point*, etc., en prenant le renversement de la pensée. *Surnaturelle*, c'est l'idée des dieux qui se communiquent. *Comme elle était changée*, etc.; c'est un retour sur la même phrase autrement interprétée, *je ne sentis point*, etc. La reconnaissance de l'affranchi correspond à celle de Télémaque envers Minerve. *Il s'étonne*, etc.; *la liberté*, etc., c'est le changement de Télémaque. *En même temps*, etc.: *la sagesse*, etc.; une *transformation*, etc., remplacent le fruit que Télémaque tire de la prédiction. *Je sentais une douce force*, etc.; *car son âme secoue*, etc.; voilà l'effet que produit sur Butis le changement de Télémaque. Au lieu de l'attribuer à un autre personnage, je le mets sur lui-même.

## N° 10. *Même sujet.*

Qui n'a jamais vu l'état d'un homme à qui on vient de rendre la liberté, n'a point une idée de la véritable félicité. Combien sont précieuses les paroles qui, en faisant tomber les chaînes d'un esclave, font renaître dans son cœur la joie et le courage! La voix qui nous annonce la délivrance de nos peines est regardée comme une voix divine, elle excite notre amour et notre reconnaissance. L'homme dégagé du poids de la servitude, regarde le ciel avec plus de plaisir, les expressions lui manquent pour dire ce qu'il éprouve; ne pouvant parler, il se prosterne, et lève ses mains vers son libérateur; l'état de liberté dans lequel il entre le rend un nouvel homme; l'avenir devient pour lui plus clair, plus consolant; il sent la douce espérance qui calme ses maux passés, arrête le souvenir de ses chagrins, et lui fait entrevoir le bonheur. Ayant appris par expérience ce que c'est que les souffrances, il s'applique à les éloigner de ses semblables, et se fait aimer de tout ce qui l'entoure. La douceur, la patience qu'il a acquises dans la disgrâce, sont pour cet homme deux sources de bonheur; elles changent pour lui les maux en biens, embellissent son existence, et apaisent tous les troubles qui pourraient encore s'élever dans son cœur.

## N° 11. *La Séduction en présence de la Sagesse.*

(Voy. Télém., 1, alin. 22.)

La jeunesse imprudente et inconsidérée se laisserait prendre tôt ou tard dans les embûches que lui tend sans cesse la trompeuse Séduction, si la Sagesse, par ses conseils, ne venait la secourir et la sauver de ce pressant danger. La Séduction regarde et considère la Sagesse, qui cherche à lui enlever la proie qu'elle croyait déjà tenir, avec un œil inquiet: elle est étonnée, surprise; elle sent dans cette adversaire, protectrice de la vertu, une force irrésistible, surnaturelle, quelque chose de divin, qui lui reproche ses honteux artifices; mais elle ne peut bien démêler les pensées confuses qui l'agitent: elle est dans la défiance; elle n'ose plus rien faire, rien tenter ni avancer en sa présence; elle craint de laisser voir le trouble qui règne dans son âme, et

qui la trahirait infailliblement, si elle ne cherchait à détourner d'elle les regards pénétrans de la Sagesse , en les fixant
sur autrui.

ÉTUDES PHILOSOPHIQUES ET COLLECTIVES.

## N° 12. *Les yeux. — Le regard.*

Les yeux sont véritablement le théâtre de l'âme. Eux
seuls peignent bien le cœur , eux seuls en montrent les
passions et les mouvemens divers.

C'est dans l'expression des yeux qu'on lit l'orgueil de la
fière beauté ; et la beauté modeste baisse ses paupières avec
grâce, tandis que son front se couvre du rouge de la pudeur.

Le feu des regards annonce la vivacité du cœur , et leur
calme représente une âme bonne qui ignore le mal , et qui
sait compatir aux maux de ses semblables.

La passion amollit les regards , l'indignation et la jalousie
les altèrent, la fureur les anime , la rage les enflamme ; mais
le repentir , la honte ternissent leur éclat , et les rendent
timides. Quand les passions se combattent intérieurement,
les yeux s'égarent avec le cœur , et ne peuvent s'attacher à
aucun objet. Si une perte afflige une âme , les yeux surtout
représentent ses maux. Ils deviennent languissans, sombres,
égarés. Tout leur retrace leur perte ; rien ne les charme, ni
les grâces , ni la beauté de la nature ; ils ne souffrent point
de distractions : telle est l'âme enfoncée dans sa douleur.

Les regards sont le premier et le vrai langage de l'homme ;
ils sont aussi brusques que la pensée , aussi prompts que le
sentiment. Au milieu du péril , dans les obstacles et les
peines, les yeux d'abord se lèvent vers le ciel, et implorent
par leurs prières plus touchantes que celles de la voix , les
secours de la divinité. Un ami est arraché des bras de son
ami , sa langue est muette , mais ses regards lui font comprendre ses douloureux sentimens. Deux amis se retrouvent,
les sanglots de la joie et leurs tendres embrassemens étouf-
fent leurs paroles, mais ils lisent dans leurs yeux leur plaisir
et leur amour.

Comme un camp se repose sur la garde des sentinelles avancées, l'esprit se fie à la prévoyance des yeux. Quelquefois ils se laissent charmer par des illusions, égarer par de vaines chimères, mais ces chimères et ces illusions fuient et disparaissent.

Heureux l'homme qui possède la vue! sans elle, il est privé de tous les charmes de la nature; sans elle, il n'entendra jamais bien sa voix; sans elle, il ne pourra qu'exprimer faiblement les sentimens de son cœur. Mais ses yeux lui découvriront le grand spectacle du monde, et cette beauté ravissante de la terre, qui révèle un être premier par sa puissance et sa grandeur.

Les yeux sont encore le plus bel ornement du corps humain. Ce sont les yeux qui enchantent l'esprit; ce sont les yeux qui captivent l'amour, surtout quand les larmes viennent les embellir. Ils brillent, ils éclatent, et leur attrait devient invincible.

Quand le doux sommeil vient assoupir les membres fatigués des hommes, les paupières appesanties s'abaissent, et le corps jouit du repos, lorsque les yeux s'endorment. Quand la cruelle mort arrive, les yeux, image de la vie, luttent contre ses assauts. Ils se rouvrent à la lumière; la lumière trop vive les éblouit: ils se ferment, ils s'éteignent pour toujours....

RECONNAISSANCE A LA MÉTHODE!!!

### *Sources des idées.*

Antiope à la chasse, XXII. — Antiope est contrainte de chanter devant Télémaque, *ibid.* — Vivacité du regard de Calypso, I. — Douceur de Termosiris, II. — Portrait des vieillards, juges de Crète, V. — Calypso, IV et VII. — Télémaque furieux contre Hippias, XVII. — Calypso avait les yeux rouges et enflammés, VII. — Télémaque n'osait regarder Mentor, tant il était coupable, VII. — Calypso, pleine d'amour et de jalousie, courait, les yeux égarés, plus furieuse qu'une lionne. Douleur de Calypso, I, VII. — Télémaque arrivant en Egypte, II. — Télémaque dans la tour de Péluse, II. — Plusieurs exemples dans la colère de Télémaque contre Hippias, XVII. — Idoménée au milieu de la tempête, V. — Vénus à la cour des dieux, IX. — Adieux de Narbal à Télémaque, II.

— Télémaque retrouve son cher Mentor dans l'île de Chypre. — Illusion du pilote Athamas, VIII. — Je croyais voir Mentor ; songe de Télémaque, IV. — Réflexions tirées de la beauté de la description de la campagne, et surtout du passage où Mentor parle si éloquemment de la divinité, IV. — Les larmes qui coulèrent des beaux yeux de Télémaque, etc., I. — Je souhaite que Morphée répande ses charmes sur vos paupières, IV. — Mort du fils d'Idoménée, V. Celle de Pisistrate, fils de Nestor, XX; et celle de Périandre, jeune Locrien, *ibid.*

# N° 13. *Vœux.*

Sur le vœu de Télémaque à Sésostris, et d'Idoménée à Neptune.

On appelle vœu une promesse faite à une divinité, pour le bonheur de quelqu'un ou pour se sauver d'un danger imminent.

On fait des vœux, soit pour se délivrer d'un naufrage, soit pour éviter la mort, soit enfin pour attendrir les personnes de qui nous dépendons, et pour les rendre sensibles à notre destinée. Alors rien ne paraît impossible, prières, sacrifices, on met tout en usage ; on va même jusqu'à disposer des choses dont souvent on n'est pas maître.

Lorsqu'on fait des vœux, on doit regarder la personne à qui l'on s'adresse, la supplier, mais surtout ne pas s'engager sans avoir mûrement réfléchi sur l'obligation que l'on contracte. Les vœux dictés par le désespoir sont presque toujours suivis du plus cuisant repentir : dès que le danger est passé et que l'on considère attentivement ce que l'on a promis, on commence à connaître son imprudence ; mais il n'est plus temps, la raison vient trop tard, et quand nos prières sont prêtes à être exaucées, on appréhende, on craint d'arriver à ce moment si désiré, et un pressentiment affreux semble nous annoncer le malheur qui va fondre sur nous, suite funeste des vœux formés indiscrètement.

# N° 14. *Le bon père.*

Un bon père semble ne vivre que pour son fils : avec quel inquiet amour il lui adresse les conseils de la sagesse et de l'expérience, il le dérobe aux traits du vice, et l'arrache aux charmes de la séduction ! Combien il se réjouit des premiers pas que ce fils chéri forme dans le sentier de la vertu ! Quelle joie pour lui , si, lorsqu'il le presse dans ses bras , il le voit arroser ses mains paternelles des douces larmes de la tendresse ! Est-il malheureux ? que la vue , que le souvenir d'un fils, peuvent calmer de chagrins dans son cœur ! Isolez-le du reste du monde ; mais laissez-lui son fils, il sera heureux. Son fils, c'est son espérance ; c'est son bonheur ; c'est la consolation de sa vieillesse. Pour ce fils, faut-il traverser les dangers , faut-il s'exposer à la mort, faire sacrifice même de la vie ? qui pourrait arrêter l'amour paternel ?

## N° 15. *Séduction.*

### Sur Calypso, Eucharis, l'île de Chypre.

La séduction sait employer tout ce qui peut influer sur le cœur de l'homme ; elle fait les peintures les plus séduisantes du vice, le colore de spécieux dehors, et semble l'ériger en vertu. Tantôt elle excite l'orgueil par d'adroites railleries, tantôt elle gagne la confiance par les louanges, l'artifice et le mensonge. C'est elle qui tend ces piéges aussi odieux que redoutables ; c'est elle qui saisit la voie puissante de la persuasion , et celle plus puissante encore de la beauté. Elle ne néglige rien, ni les fêtes, ni les plaisirs, ni les dons de l'esprit, ni les vices du cœur ; elle porte dans l'âme les impressions de la volupté, par d'harmonieux concerts ; elle cherche la solitude, elle enlève ses victimes au tumulte de la vie. La séduction rompt, brise, anéantit un à un les liens qui nous attachent à la vertu ; souvent elle nous offre la perspective du bonheur ; souvent elle nous prodigue les promesses les plus flatteuses, en se jouant de notre pudeur et de notre retenue ; elle va jusqu'à feindre de louer la vertu, pour mieux l'abattre ; que dis-je ? elle se pare de ses dehors enchanteurs, elle joue l'innocence et la modestie.

Pour éviter les dangers de la séduction , il faut avoir une vertu presque divine ; il faut beaucoup de précautions , il faut presque toute la puissance de la divinité. Qu'on oublie facilement la vertu au milieu des gens pervers! les idées d'honneur et de gloire, de patrie et de parens, s'effacent insensiblement; les bonnes résolutions, l'éducation et les préceptes de l'enfance ne forment bientôt plus dans la pensée qu'un point presque imperceptible; à peine si on résiste quelque temps : on se lasse, on se laisse aller aux sophismes de l'esprit, aux penchans du cœur et au torrent du mauvais exemple. Les yeux s'obscurcissent et se détournent peu à peu du but que l'on s'était proposé; le cœur se porte, ou plutôt se précipite vers un bonheur qui fuit toujours. Bientôt on a parcouru l'espace qui se trouve entre la vertu et le vice; bientôt on se familiarise, on s'identifie en quelque sorte avec le mal. En vain le remords voudrait-il faire rentrer la raison dans tous ses droits : ces instans de lumière, ces demi-retours à la vertu sont courts et fugitifs; l'on retombe bientôt avec plus de fureur et de frénésie qu'auparavant; et l'habitude du vice est devenue une seconde nature.

## N° 16. *Oui.*

*Oui* est l'objet de tous nos vœux, depuis le moment de notre naissance, jusqu'à celui de notre mort. L'enfant dans le berceau pleure; sa langue, encore muette, ne peut s'exprimer, et pourtant il désire déjà quelque chose. Qui fera cesser ses larmes? qui le calmera? une mère: une mère lui donnant ce qu'il veut, répond *oui*.

La jeunesse aime surtout à entendre ce mot; c'est pour cet âge plein de désirs, qu'il a le plus d'attraits; c'est pour cet âge qu'il semble être fait. L'homme ambitieux voit dans ce mot sa fortune, son élévation. S'il sollicite un emploi, s'il veut acquérir quelque charge, *oui* est l'objet de tous ses vœux; pour l'obtenir, rien ne lui coûte, rien ne le fatigue. C'est un *oui* que le malheureux réclame par ses prières et ses larmes; un *oui* fait toute sa consolation.

Et le vieillard, c'est un *oui* qu'il demande continuellement. Penché sur le bord du tombeau, il semble supplier la mort de l'épargner. Qu'il serait heureux, qu'il se réjouirait, s'il pouvait entendre ce mot si consolant, si doux!

C'est un *oui* qui fixe notre destinée, qui nous unit à l'être avec lequel nous devons vivre, sans que rien puisse jamais nous en séparer : ce mot une fois prononcé est ineffaçable, il doit donc être dit avec réflexion. Malheur, malheur à celui qui le prononce comme en jouant! malheur à celui qui n'en connaît pas toute la puissance! il est exposé aux plus grands maux.

Un *oui* peut procurer le bonheur, mais il peut aussi l'éloigner pour jamais. S'il semble nous annoncer quelque chose de bon, s'il paraît ne pouvoir sortir que d'une âme tendre et délicate, il se trouve aussi bien souvent dans la bouche du méchant; et combien de fois n'a-t-il pas été le signal du crime!

## N° 17. *Non.*

*Non* ne plaît point à la tendresse; il est trop dur, trop froid; il ne dit rien de doux au sentiment; il ne parle point au cœur.

*Non* est détesté de l'ambitieux qui veut que tout lui cède; il l'est encore plus de l'avare qui voudrait tout avoir.

*Non* est un des premiers et des derniers mots que l'homme comprend. L'enfant le dit, avant même de savoir parler : présentez-lui quelque chose qui lui semble mauvais, et vous verrez aussitôt sa tête, ses mains, ses pieds, dire tous à leur manière, *Non, non!* C'est aussi le dernier mot que l'homme entend, puisqu'il ne descend dans la tombe, que lorsque l'inflexible mort a répondu à sa prière par un *non.*

*Non* ne donne point à celui qui le dit, cette grâce touchante qui annonce la bonté et semble nous présager le bonheur; mais il marque la puissance et la force. Il sort de la bouche de celui qui commande et qui croit avoir droit de se faire obéir; c'est un refus que l'on fait à quelqu'un d'une grâce, c'est une désapprobation certaine et sans appel.

*Non* marque l'indignation, l'entêtement. Il part bien

souvent d'un cœur mauvais, et, plus souvent encore, il a fait le mal. Le riche corrompu ne répond au malheureux qui l'implore, que par un *non*. Le méchant porte la désolation dans les familles, et méprise toutes les prières qui lui sont faites, en disant *non*. Voilà pourquoi ce mot nous paraît si laid, voilà pourquoi il nous effraie et semble toujours nous plonger dans la douleur.

*Non* se trouve cependant dans l'âme juste. Que dis-je? se trouver! il y fait sa demeure, il en est la grandeur et la force. C'est le mot que l'homme vertueux répète le plus souvent. C'est par un *non* qu'il répond aux agitations de son âme, aux désirs de ses sens, au trouble de son cœur; c'est par un *non* qu'il terrasse le vice et pratique la vertu. Disons donc :

Rien qui soit plus beau, rien qui soit plus laid qu'un *non*; rien qui puisse faire plus de bien et plus de mal qu'un *non*.

## N° 18. *Beauté.*

Etude puisée dans les portraits d'Eucharis, de Calypso, des femmes de l'île de Chypre, et d'Antiope.

La beauté est un sceau que la divinité a mis sur presque tous ses ouvrages. C'est quelque chose de majestueux qui inspire le respect et l'admiration; c'est un charme qui séduit les yeux et pénètre jusqu'au fond du cœur. Il suffit que la beauté se montre à nous, pour que nous lui sourions. Elle est toujours sûre d'obtenir ce qu'elle désire. Devant elle tout cède, tout s'incline, tout la salue avec amour et respect. Les empires entiers lui sont soumis; les sceptres et les couronnes sont déposés à ses pieds.

La beauté est de tous les lieux, de tous les temps, de toutes les conditions; l'ignorant ne sait pas distinguer l'esprit, il fait peu de cas des talens; mais il sait toujours connaître et admirer la beauté. Elle a partout ses temples, ses autels; elle règne partout où elle passe; elle est généralement chérie, et l'homme qui paraît y être insensible est un être tout-à-fait extraordinaire.

On pourrait avec raison appeler la beauté le reflet des vertus. En effet, ne semble-t-elle pas nous montrer une âme belle et généreuse? elle annonce quelque chose de noble dans celui qui la possède. On dirait qu'elle ne peut parer qu'un corps orné de toutes les vertus, et le méchant, lorsqu'il nous est connu, ne nous paraît plus beau.

La beauté étant un don de la divinité, l'homme ne peut à sa volonté la posséder; mais il peut quelquefois l'embellir et en faire ressortir l'éclat. La parure, des vêtemens riches et magnifiques contribuent bien souvent à rendre beau; mais cette beauté recherchée ne plaît pas à tous les cœurs : elle les attire, il est vrai, les charme pour quelques instans; mais il est rare qu'elle les captive entièrement.

La beauté doit être modeste; ses charmes sont bien plus séduisans, quand ils sont sans apprêts, quand un touchant abandon, une aimable simplicité en relèvent l'éclat. Quand elle fuit les louanges, l'admiration; quand elle semble douter de son pouvoir, oh! qu'alors elle est belle! oh! qu'elle est puissante! qu'elle est forte! C'est à cette beauté qu'a été donné le pouvoir de rendre heureux; c'est elle qui réjouit le monde, qui l'enchante. Loin d'elle, tout est triste, sombre, tout est dépouillé de ce charme qui plaît, et voilà pourquoi la beauté est communiquée plus particulièrement aux êtres les moins forts. Oui, oui, la femme devait être belle, parce qu'elle est faible; elle devait être belle, parce qu'elle est bonne, parce que sa mission est de faire le bonheur de l'homme. Elle devait être belle pour être dédommagées des souffrances qu'elle endure. Elle devait être belle, belle par surcroît, parce qu'elle communique et donne la beauté aux êtres qu'elle met au monde.

## N° 19. *Même sujet.*

Mêmes sources, et de plus portrait d'Astarbé.

La femme, cet être faible et délicat, règne par la beauté: le courage, les talens, les vertus, elle soumet tout à son empire. Par elle, le guerrier perd sa valeur, le sage sa raison.

raison. Par elle, le devoir et la conscience ne sont plus
écoutés. Sa puissance ne reconnaît presque point de lois ;
elle influe également sur les goûts, sur les projets et sur les
passions de l'homme. Car l'homme, quel qu'il soit, l'homme
si jaloux de son indépendance, reçoit presque toujours les
chaînes de la beauté ; que dis-je ? il les désire, il les recherche
et se plaît dans sa servitude. C'est ainsi que la force et la
puissance perdent tous leurs droits ; c'est ainsi que l'homme
se fait librement l'esclave de celle qu'il doit protéger.

Là beauté, lorsqu'elle se trouve jointe aux vertus
aimables, fait partie du bonheur que l'on goûte sur la terre.
C'est elle qui enfante cette tendre amitié, ces douces émo-
tions, ce charme, cet attrait toujours renaissant ; c'est elle
qui laisse de si grands, de si profonds souvenirs, quelquefois mêlés de regrets, mais toujours préférables à l'oubli
du cœur.

Cependant il n'est pas rare de la voir troubler le bonheur
et la tranquillité de la vie. Quelquefois elle devient une
source de malheurs et de larmes, en excitant les jalousies
et les discordes, les haines et les vengeances ; d'autant plus
aisément qu'elle sait employer tous les dehors de la vertu,
toutes les séductions du plaisir, et toute l'hypocrisie du
sentiment. Quelquefois aussi elle sert à voiler tous les vices
d'un cœur corrompu. Elle est alors comme les fleurs qui
recèlent le poison le plus dangereux. Trompé par les appa-
rences, on croit trouver l'ingénuité et le bonheur, où l'on
ne découvre bientôt que perfidie et mensonge. Triste découverte pour le cœur sensible ! L'illusion avec tous ses dangers
est en quelque sorte plus désirable.

Amie de la simplicité, la beauté doit fuir toute affectation. La vertu la rend plus touchante, la modestie plus
aimable, les talens plus séduisante ; et ce sont ces trois
qualités qui font triompher ses impressions de l'inconstance
et du temps. Pensée si vraie, que le vice se montre tou—
jours sous des dehors aussi attrayans, pour captiver les
cœurs. Mais jamais, quoi qu'elle fasse, une beauté qui se

joue de la pudeur, ne pourra allumer de grandes passions : bientôt le charme se dissipe : elle lasse, elle dégoûte et inspire le mépris. Les grâces décentes, tel est l'apanage de la véritable beauté ; tels sont les liens qui attirent, qui enchaînent tous les hommes. La vertu, voilà le seul moyen de plaire, voilà la principale étude des femmes. Toujours on aima la vertu ; mais on l'idolâtre, quand la beauté en relève l'éclat.

En un mot, la beauté est un bienfait ou une calamité, un bonheur ou un malheur pour l'homme, suivant qu'elle se trouve réunie au vice ou à la vertu.

## N° 20. *Zéphyre.*

Etude puisée dans les 1er, 11e et 1ve livres de Télémaque.

Le mot seul de zéphyre sourit à l'imagination, et réveille une foule d'idées plus ou moins riantes.

S'il ajoute encore aux charmes de la belle saison, s'il embellit les lieux même les plus favorisés de la nature, on aime aussi à le retrouver dans toutes les descriptions agréables : c'est un secret qui donne à la composition beaucoup d'agrément et de fraîcheur.

Lorsqu'on a peint la verdure d'un bocage, les fleurs qui la varient avec tant de grâce, l'onde claire qui l'arrose, on arrive au zéphyre qui tempère la chaleur du soleil. Jusquelà, la jouissance était incomplète ; mais, avec lui, il ne manque plus rien à la scène.

C'est le Zéphyre qui procure à la terre une délicieuse fraîcheur ; il étend même jusque sur les fleurs son heureuse influence : sans lui, le même instant qui les voit éclore, les verrait se flétrir : elles lui doivent donc cette beauté et cet éclat qui charment les yeux.

Il accompagne toujours le printemps, il lui communique cette douce température, et le couronne de fleurs ; il fait, pour ainsi dire, toute la différence qui existe entre le printemps et la saison qui le suit.

Il prodigue à l'homme les plus douces sensations. Si la chaleur du jour, si le travail ont épuisé ses forces, le zéphyre vient les réparer. Il annonce sa présence par un doux frémissement ; il s'attache à l'homme, le rafraîchit, et lui fait bientôt oublier sa lassitude. C'est ainsi qu'il devient pour lui un soulagement nécessaire.

Les nuits d'été, si agréables, si délicieuses, perdraient avec le zéphyre une partie de leurs avantages : lui seul peut leur donner ces délices que l'on goûte avec ivresse.

Le jour, la nuit, sur la terre, au milieu des mers, partout il concourt à augmenter nos jouissances.

Dans un port de mer, il donne le signal du départ ; il s'insinue dans les voiles, les enfle, et pousse le vaisseau en pleine mer ; il dissipe les craintes du matelot, lui donne l'espérance d'une heureuse navigation, et entretient dans son cœur une douce sécurité.

Voilà quels sont ses avantages, voilà quels sont ses bienfaits.

# N° 21. *Les larmes.*

### Etude puisée dans Télémaque.

Les larmes démontrent un cœur sensible, une âme tendre, elles sont l'accent de la douleur ; c'est une faculté donnée à tous les hommes ; il n'en est pas un seul qui ne la connaisse ; tous pleurent ; tous, et le roi sur son trône, et le berger dans sa cabane, et l'homme public, et l'homme privé, et le riche, et le pauvre, tous pleurent, tous.....

Les remords nous arrachent quelquefois des larmes ; mais qu'elles sont dures et amères ; comme elles tombent avec effort, avec peine. Il semble qu'elles ne peuvent sortir d'un cœur méchant : quand elles coulent facilement, elles annoncent une âme touchée, un repentir mêlé du désir de mieux faire ; et presque toujours l'homme qui pleure ses fautes revient à la vertu.

Le bonheur s'exprime aussi par des larmes ; la parole est trop faible pour faire comprendre l'excès de la joie ; elle devient muette, et les larmes se répandent avec abondance; mais qu'elles sont douces!.... qu'elles sont belles!.... que j'aime ce recueillement de toutes les facultés de notre âme, pour laisser agir en nous celle des larmes!

Une larme! quoi de plus touchant? elle embellit la beauté, jette sur la physionomie une teinte de mélancolie qui la rend plus tendre, prête des charmes à tous nos mouvemens, met dans notre extérieur une grâce modeste, une expression de douleur qui inspire l'intérêt et ravit le cœur.

Une larme! est-il un langage qui pénètre au fond du cœur avec plus de promptitude et de force? est-il rien de plus persuasif? L'homme malheureux aime que tout partage sa douleur, que tout la lui rappelle; et voilà pourquoi le pouvoir des larmes est si général et si fort; voilà pourquoi l'homme naturellement inconstant, l'homme qui devient insensible aux impressions les plus fortes, quand il les a ressenties plusieurs fois, ne l'est presque jamais aux larmes.

Une larme! oh! que de choses elle peint! que de sentimens elle renferme! que de secrets elle dévoile! C'est inutilement que notre cœur veut cacher l'impression qu'il ressent; c'est inutilement que nous commandons à notre langue le silence. Il est dans nous une faculté bien puissante, une faculté sur laquelle nous ne pouvons presque rien, une faculté qu'on parvient rarement à arrêter entièrement, qui s'exprime malgré nous : c'est celle des larmes. Oui, une larme suffit pour nous trahir et faire connaître ce que nous voulions cacher.

Les larmes sont quelquefois un pressentiment; on pleure sans savoir pourquoi; elles nous présagent quelques peines ou quelques plaisirs.

Les grandes douleurs, les douleurs immenses semblent tarir la source des larmes; il faut alors adoucir le cœur de celui qui souffre, exciter sa sensibilité en lui faisant éprouver quelqu'émotion tendre; alors il pleurera et sera moins malheureux.

Je ne crains donc pas de le dire : rien n'est si doux, rien

n'est si amer que les larmes ; rien n'est si consolant, et rien ne fait autant de peine que les larmes ; rien n'est plus connu, et rien ne fait éprouver des impressions aussi nouvelles que les larmes. Elles naissent avec l'homme, et l'accompagnent jusqu'au tombeau.

## N° 22. *Simplicité.*

Etude puisée dans Télémaque ( Sésostris, Termosiris, Télémaque, Cupidon, Antiope, Crétois, Manduriens ).

La simplicité met le sceau à toutes les vertus. La sagesse lui doit tous ses charmes, le talent toutes ses grâces, la beauté tous ses attraits. Elle prête à l'enfance son abandon, sa douceur ; elle donne à la jeunesse ses manières séduisantes, et embellit encore la vieillesse, lorsqu'elle accompagne son expérience et ses vertus.

C'est la simplicité qui entretient, sous le chaume, l'abondance et la paix ; c'est elle qui éloigne des palais et les dégoûts du luxe, et toutes les peines de l'orgueil ; elle appelle une douce égalité parmi les hommes, confond tous les rangs, rapproche toutes les conditions.

La simplicité est la sauvegarde des mœurs, l'appui des empires que le luxe énerve peu à peu ; les sentimens nobles, les sciences véritablement utiles découlent aussi d'une heureuse simplicité ; et jamais l'on ne vit régner nulle part plus de concert, plus de félicité que parmi les hommes qui la pratiquent : elle ménage, prévient les passions, attire la bienveillance, excite l'admiration. Oui, seule, elle pourrait détruire tous les maux qui travaillent la société ; seule, elle pourrait faire de tous les hommes un peuple de frères.

La simplicité dans la manière de vivre, donne au corps de l'homme les plus belles proportions ; elle augmente ses forces, elle imprime à son visage un air de grandeur et de majesté. La simplicité délivre l'homme des maladies, des infirmités, prolonge l'existence, et semble anéantir la faiblesse du dernier âge, en ne lui laissant que les cheveux blancs, comme un ornement, comme une couronne qui lui concilient le respect et la vénération.

Dans un prince, la simplicité doit être noble, affectueuse; dans un guerrier, franche, amicale; dans un sage, douce, attrayante; dans une femme, modeste, ingénue, réservée.... mais toujours vraie, toujours naturelle; cette vertu est ennemie de toute affectation. Cependant elle ne peut supporter ces mœurs sauvages, cette vie à demi barbare, qui s'éloignent de son esprit; elle ne craint point les lumières de la civilisation, au contraire, elle les sollicite; mais elle les borne et ne sort jamais des limites qu'elle s'est tracées.

# N° 23. *Volonté.*

Le principe des vertus, la source des talens, l'origine des grandes choses, c'est la volonté. Si le cœur commande à ses passions, il le doit à la volonté; si l'âme, si l'esprit de l'homme arrive à la science, c'est par la volonté : sans elle, toutes ses facultés ne feraient que s'affaiblir. Dans les choses possibles à l'homme, la volonté peut s'élever à tout: il n'est pas de connaissances, pas de mystères qu'elle ne pénètre, pas de difficultés qu'elle ne surmonte; et si la durée de la vie égalait la force de la volonté, ou même, si dans le court espace de l'existence, la volonté ne perdait jamais de son pouvoir, elle porterait les faibles mortels au plus étonnant degré d'élévation.

C'est aussi la volonté qui surmonte et corrige les imperfections physiques ou morales. C'est elle qui brave les saisons, c'est elle qui dompte les élémens mêmes; elle pousse l'homme sur des mers bouleversées par les tempêtes; elle l'égare dans les brûlans déserts de l'Afrique; elle le fixe jusque sous les glaces éternelles du Nord. La volonté peut encore ajouter aux bienfaits de la terre, forcer sa stérilité, et la faire tourner à tous nos plaisirs, comme à tous nos besoins.

Parcourez les pages de l'histoire, et vous verrez que toutes les merveilles qui nous étonnent ne sont dues qu'à

la force d'une volonté puissante. Les rapides conquêtes ,
les révolutions des états, le bonheur ou le malheur des
peuples ont toujours dépendu de la volonté des princes,
et quelquefois même des aventuriers, que l'ambition a
poussés jusqu'au faîte des grandeurs. Et l'ambition elle-
même ne vit que par la volonté. Lorsqu'elle satisfait tous
ses vastes desseins, c'est qu'elle s'est dit souvent, très-
souvent : *Je veux!* et cette seule parole a fait tomber devant
elle toutes les difficultés. Alexandre, à peine sur le trône,
médite la conquête de l'univers; il veut fortement, et voit,
à trente-deux ans, tout l'univers à ses pieds. César soupire
après la royauté ; il veut fortement, et la fière république
de Rome disparaît devant le vainqueur des Gaules. Chris-
tophe Colomb va à la découverte d'un nouveau monde ; il
veut fortement, et l'Amérique semble sortir comme du
sein des mers, pour nous communiquer ses richesses et augmenter nos jouissances.

Mais, indépendamment de cette puissance reconnue, la
volonté est le seul bien de l'homme ; le seul qu'il puisse
opposer aux atteintes du malheur et aux violences des
hommes. La volonté est un droit qu'il exerce contre la
divinité même, qui le créa libre de faire le bien ou le mal.
Le caractère distinctif de cette volonté, c'est la persévé-
rance; et s'il est vrai que la patience en dérive toujours,
nous pouvons dire avec Buffon, la volonté ou la patience,
c'est le génie.

ÉTUDE DES SECRETS DE COMPOSITION.

# N° 24. *Secrets de composition pour un songe.*

Songes d'Athalie , d'Enée et de Télémaque.

*Dans un songe on parle:*

1. De ce qui le précède.
2. De l'époque où il a lieu.
3. De l'état de celui qui songe.
4. De ce que l'on y voit.
5. Le portrait de ceux que l'on y voit.
6. Ce qu'ils disent.

7. Leurs mouvemens.
8. On compare leur état présent avec ce qu'ils ont été.
9. L'impression que fait le songe.
10. L'état dans lequel ils disparaissent.

## Songe de Godefroi.

### Tiré de la Jérusalem délivrée.

Godefroi remerciait l'éternel d'avoir écouté sa prière. L'espérance commençait à renaître dans son cœur. Il voulut méditer sur les moyens de s'emparer de la ville sainte. La nuit était déjà presqu'au milieu de son cours; il ne put s'empêcher de céder au sommeil qui pressait déjà ses paupières, et le maître de l'univers, voulant récompenser la foi de son serviteur, lui envoya un songe des plus rians pour lui faire connaître ses desseins.

Il lui sembla qu'il était transporté dans un palais magnifique, tel que l'on depeint la Jérusalem céleste. Pendant qu'il considérait ce brillant séjour avec des yeux pleins d'admiration, une porte de cristal s'ouvre à l'instant et lui laisse apercevoir un guerrier tout resplendissant de lumière. L'éclat dont il était environné éblouit tellement les yeux de Godefroi, qu'il ne put d'abord se faire reconnaître; il s'avance tenant une lance à la main. A cet air noble et martial qui le distinguait autrefois à la tête des troupes, Godefroi ne put méconnaître plus long-temps Hugues, son fidèle compagnon. Est-ce donc toi, lui dit-il? ô cher ami, pardonne à mes faibles yeux, s'ils ne t'ont pas d'abord reconnu; les rayons qui t'environnent sont la seule cause de cette méprise; et aussitôt il voulut se jeter à son cou pour l'embrasser, mais l'ombre fugitive lui échappait, et il sentait que ses bras ne pouvaient la saisir. Hugues sourit: Je ne suis plus, lui dit-il, qu'une substance pure et subtile, j'habite le séjour des âmes justes qui ont combattu avec gloire pour Jésus-Christ. C'est ici que sont rassemblés tous les guerriers qui sont morts pour lui devant Jérusalem. Ta place y est aussi marquée; mais il faut auparavant que tu t'empares dela ville sainte, et que tu en chasses les ennemis de la croix. Alors tu viendras nous rejoindre pour partager nos triomphes : ne retiens donc plus tes soldats, et conduis-les à l'assaut, dès que tu auras rassemblé tous les guerriers qui t'ont abandonné. Surtout fais chercher l'illustre fils de Bertold, car, sans lui, tous tes efforts seront vains ; c'est lui qui doit triompher des infidèles, et ouvrir aux chrétiens les portes de Jérusalem ; car le doigt de Dieu l'a désigné pour l'exécuteur de ses desseins, comme il t'a marqué pour être le conducteur de la sainte entreprise. Je n'ai plus qu'une chose à te dire ; c'est qu'un jour ton sang se mêlera à celui de Renaud, pour donner naissance à une race illustre. Il se tut. Godefroi voulut de nouveau se jeter à son cou ; mais Hugues, prenant son essor, s'évanouït dans les airs. Godefroi qui, dans cet effort, s'était réveillé, se mit à prier avec abondance de larmes, et remercia l'Éternel, ne doutant point que ce songe mystérieux ne fût un avertissement du ciel.

### SYNONYME DE COMPOSITION.

# N° 25. *Comparaison des artifices de Calypso et d'Astarbé.*

Ces artifices se ressemblent et diffèrent, 1°. par *les personnages* ; 2°. par *le but* ; 3°. par *les circonstances* ; 4°. par *les moyens* ; 5°. par *le résultat*.

## 1°. *Les personnages.*

Calypso et Astarbé, qui y jouent le plus grand rôle, ont entre elles, de grands rapports, et se trouvent aussi dans une grande opposition. L'une était immortelle, et l'autre ne l'était pas. La première avait de la bonté et de la douceur, la seconde, de la malignité et de la cruauté : toutes deux, elles s'efforcent de gagner le cœur, l'une de Télémaque, l'autre de Pygmalion. Calypso aimait, dans Télémaque, Ulysse qui l'avait abandonnée peu avant que Télémaque abordât dans son île : Astarbé aimait les richesses et la puissance de Pygmalion, plutôt que lui-même.

## 2°. *Le but.*

Calypso se proposait de passer des jours heureux avec Télémaque ; Astarbé se proposait de faire périr Pygmalion, pour faire régner à sa place Joazar qu'elle aimait, ce qu'elle aurait fait ponr un jeune Tyrien nommé Malachon, s'il ne l'avait méprisée.

## 3°. *Les circonstances.*

1°. Il se trouve une grande opposition entre les deux traits suivans. Calypso a de l'amour pour Télémaque ; Astarbé, au contraire, a de l'aversion pour Pygmalion ; c'est que l'une, c'est son amour qui dirige ses actions, et que l'autre, c'est sa seule ambition.

2°. Ulysse, par attachement pour Pénélope et sa patrie, rejette les offres de Calypso : Malachon, aveuglé par son amour pour une femme, et craignant la jalousie du roi, rejette aussi les offres d'Astarbé. Ces circonstances se ressemblent, excepté qu'Ulysse n'avait pas à craindre, ainsi que Malachon, la jalousie d'un plus puissant que lui, et que l'amour de sa patrie lui ordonnait d'en agir ainsi.

3°. Calypso et Astarbé *se vengent* de ceux qui les ont méprisées ; l'une en soulevant une tempête contre Ulysse, sans le faire périr, car un tel crime lui faisait horreur ; l'autre en faisant mourir Malachon, car elle était accoutumée au crime.

## 4°. *Les Moyens.*

1°. Calypso et Astarbé se servent de *leur beauté* pour charmer ceux qu'elles veulent émouvoir.

2°. Calypso fait valoir auprès de Télémaque, *la faveur* avec laquelle elle le reçoit. Astarbé emploie auprès de Pygmalion, son esprit, la douceur de sa voix, l'harmonie de sa lyre : les moyens mis en œuvre diffèrent, parce que les personnages et les circonstances ne sont pas les mêmes.

3°. La déesse promet un royaume et l'immortalité à Télémaque ; Astarbé promet à Pygmalion de ne vivre que pour lui. La différence qu'il y a entre ces deux moyens, est que les promesses de Calypso sont sincères, et que celles d'Astarbé ne le sont point.

4°. Calypso engage le prince grec à ne point imiter son père, en lui mettant sous les yeux les dangers qu'Ulysse a courus, et la mort même qu'il n'a sans doute pu éviter; Astarbé engage aussi le monarque tyrien à fuir ses enfans, pour prévenir les dangers auxquels sa vie est exposée: toutes deux emploient le mensonge pour parvenir à leur but.

5°. Calypso feint d'avoir *de la douleur* et de s'attendrir sur le sort de Télémaque; Astarbé feint aussi de la douleur, lorsqu'elle voit Pygmalion sur le point de mourir par le poison qu'elle lui avait donné : ces deux moyens se ressemblent; mais l'objet de la douleur feinte n'est pas le même; car Calypso n'avait aucune part au malheur du premier, et Astarbé seule avait causé celui du second.

### 5°. *Résultat.*

1°. Télémaque *reconnaît* les artifices de Calypso ; Pygmalion *ignore* entièrement ceux d'Astarbé. Ces deux traits sont contraires; c'est que Télémaque est aidé des conseils de Mentor, et que Pygmalion n'a personne qui puisse l'avertir.

2°. *La sagesse* de Mentor fait éviter ces artifices à Télémaque ; la défiance de Pygmalion ne l'empêche pas de tomber dans le piége qui lui était dressé, et *il périt* misérablement. Rien n'est plus utile qu'un ami fidèle.

| ANALYSE DES ARTIFICES DE CALYPSO. | ANALYSE DES ARTIFICES D'ASTARBÉ. |
|---|---|
| 1°. *Circonstances.* | 1°. *Circonstances.* |
| 1. Amour de Calypso pour Télémaque. | 1. Aversion d'Astarbé pour Pygmalion. |
| 2. Attachement d'Ulysse pour Pénélope et sa patrie. | 2. Amour aveugle et crainte de Malachon. |
| 3. Vengeance de Calypso sur Ulysse. | 3. Vengeance d'Astarbé. |
| 2°. *Moyens.* | 2°. *Moyens.* |
| 1. Beauté de Calypso. | 1. Beauté d'Astarbé. |
| 2. Faveur avec laquelle elle reçoit Télémaque. | 2. Charmes d'Astarbé. |

<table>
<tr><td>

3. Promesses de Calypso.
4. Menaces de Calypso.
5. Douleur feinte de Calypso.

</td><td>

3. Promesses d'Astarbé.
4. Menaces d'Astarbé.
5. Douleur feinte d'Astarbé.

</td></tr>
<tr><td>

3º. *Résultat.*

1. Connaissance des artifices de Calypso.
2. La sagesse de Mentor les fait éviter à Télémaque.

</td><td>

3º. *Résultat.*

1. Ignorance de Pygmalion sur les artifices d'Astarbé.
2. Mort de Pygmalion causée par ces artifices.

</td></tr>
</table>

## N° 26. *Lettre adressée à M. Jacotot.*

Clermont-Ferrand, 20 mars 1829.

Monsieur,

Lorsque le bienfait de l'enseignement universel ne s'étendait que dans la Belgique, la reconnaissance y était limitée; mais aujourd'hui que votre précieuse méthode se propage avec rapidité, la reconnaissance doit devenir plus générale, et vous devez en recueillir un plus riche tribut.

Permettez-nous donc de satisfaire, en vous écrivant, l'un de nos désirs les plus chers; permettez-nous, dans un jour où tous les établissemens de Belgique célèbrent votre fête, de vous adresser, du fond de l'Auvergne, l'expression de nos sentimens : nous le ferons peut-être avec moins de talent que les heureux élèves qui vous environnent; mais, nous en sommes sûrs, notre reconnaissance est égale; le bienfait est le même. Oui, Monsieur, vous êtes notre bienfaiteur; nous aimons à le penser, nous aimons à le redire.

Oui, vous êtes notre bienfaiteur, vous qui nous avez donné un mode d'instruction qui éclaire notre esprit, vivifie notre jugement, développe notre imagination; vous qui avez jeté dans nos cœurs cet amour ardent pour l'étude, que redoublent tous les jours l'attrait des découvertes et la certitude du succès. Aussi n'est-il pas un seul élève parmi nous, qui n'ait senti tout l'avantage de vos principes, et qui ne les ait adoptés avec enthousiasme.

Après avoir été si long-temps les victimes de l'ancienne méthode, qui nous menait par des voies si pénibles vers un

but toujours éloigné , que nous sommes heureux d'être enfin ramenés sur la route véritable par M. Deshoulières ,
l'un de vos disciples les plus dévoués ! Que nous sommes
heureux qu'il nous ait délivrés de cette servitude barbare
des explications et des règles , et qu'il nous ait transmis ,
en votre nom , l'admirable moyen de déployer par nous-
mêmes , en face des modèles , toutes les facultés de notre
intelligence ! Tout esclavage avilit et dégrade.

Gloire donc ! gloire au grand homme qui a rendu à l'esprit humain la plus belle et la plus innocente de toutes les
libertés ! Gloire au grand homme qui se connut lui-même,
et qui nous révéla le secret de toutes les connaissances humaines !

Nous le savons , Monsieur , vous avez d'abord trouvé
bien des contradictions et bien des obstacles à vos généreux
desseins ; mais réjouissez-vous : c'est une ressemblance de
plus que vous deviez avoir avec tous les bienfaiteurs de la
société. La plupart ont été , comme vous , dédaignés et
méconnus ; c'est ainsi que Fénélon que vous nous avez appris à goûter et à étudier ; Fénélon que nous aimons
comme vous , trouva des ennemis qui le persécutèrent.
Mais enfin l'envie fait place à l'admiration , et l'on élève
des statues à ceux qui furent d'abord outragés et proscrits.
Vous commencez à l'éprouver vous-même ; déjà vous êtes
le témoin de votre gloire , croissant de jour en jour , et du
bien général que vous avez opéré.

Oh ! jouissez long-temps de ce spectacle si digne d'un
sage ! c'est le vœu le plus ardent que vous offrent avec vénération tous les élèves de seconde au petit-séminaire de
Clermont-Ferrand.                    CH. LARONDE.

## N° 27. *Réponse.*

Louvain , 8 avril 1829.

MONSIEUR,

Mon père a reçu avec plaisir la charmante lettre que
vous lui avez adressée , pour sa fête , en votre nom et au

nom de tous vos condisciples ; il me charge de vous en re-
mercier tous, et de vous prier d'être son interprète auprès
de vos camarades , comme vous avez été leur interprète
auprès de lui. Mon père a éprouvé une bien vive joie d'apprendre que vous participiez au bienfait de l'enseignement
universel , et que vous en sentiez tout le prix. N'espérez pas
que je vous exprime , dans un style aussi pur, et avec l'éloquence qui règne dans votre aimable lettre , tout le plaisir
que nous avons eu en la lisant ; j'en suis capable par l'intelligence , mais incapable en fait. Je ne connais pas aussi
bien Fénélon que vous.

Continuez, Monsieur, à suivre avec vos condisciples , la
route que votre estimable professeur vous a tracée , et vous
acquerrez de jour en jour plus de connaissances et plus de
facilité à les montrer. Rien n'est impossible à l'homme qui
a secoué le joug honteux des explications , et qui ne con-
sulte que sa propre intelligence. Vous les avez brisées ces
entraves , à la voix de votre digne maître , qui vous a faits
hommes , en vous inspirant un entière confiance en vous-
mêmes.

Relisez sans cesse ce Fénélon , cet homme immortel ,
dont le fondateur de l'enseignement universel a appris au
monde tout le parti qu'on pouvait en tirer : tout est là.
Quiconque comprend l'art de Fénélon , sera poëte , mathématicien , artiste, quand il voudra : l'art humain est
toujours le même.

Mais j'oublie que vous êtes élèves de l'enseignement universel , et que vous savez tout cela aussi-bien que moi. Je
vous prie , Monsieur , d'agréer et de faire agréer à vos
condisciples , les sentimens particuliers de votre très-dé-
voué serviteur.                         F. JACOTOT, *avocat.*

Mon jeune ami , je vous charge d'embrasser pour moi
tous vos condisciples , *tous* , comme je le ferais si j'étais
près de vous.

Courage , mes enfans ! cela va bien.      J. JACOTOT.

# BIBLIOGRAPHIE

## DE L'ENSEIGNEMENT UNIVERSEL.

### 1°. *Ouvrages du fondateur.*

1. LANGUE MATERNELLE. 1 vol. in-8°, prix 4 fr., 4ᵉ édition. Le volume qui porte ce titre est la clef de tous les autres ; il peut même les remplacer tous ; car il renferme toute la méthode. Après la lecture, l'écriture, la grammaire, on y trouve l'application de la méthode à l'histoire, la géographie, la chronologie, l'arithmétique, l'improvisation, l'éloquence de la chaire, de la tribune, du barreau.

2. LANGUE ÉTRANGÈRE. 1 vol. in-8°. 4 fr.

3. MATHÉMATIQUES. 1 vol. in-8°. 4 fr.

4. MUSIQUE. D'abord in-12, puis in-8°. 4 fr.

Ces derniers renferment une foule d'observations relatives à la méthode en général, et les réponses les plus solides aux objections nombreuses faites contre la méthode, et reproduites sous mille formes par la légèreté ou la mauvaise foi.

### 2°. *Ouvrages des disciples.*

#### ( *Apologétiques et didactiques.* )

5. Manuel de l'enseignement universel, extrait *littéralement* des ouvrages du fondateur et presque exclusivement du premier volume. 1 vol. in-8°. 1 fr. 25 c.

6. Résumé de la méthode de M. Jacotot, par M. le comte de Lasteyrie (un libraire de Grenoble a réuni les articles que M. le comte de Lasteyrie avait publiés sur la méthode, dans le *Journal d'éducation*), in-12. 1 fr. 25 c.

7. Considérations sur les importans résultats de la méthode de M. Jacotot, par Boutmy, in-8°. 2 fr.

8. L'enseignement universel de M. Jacotot, en présence

de l'enseignement universitaire, par Benj. Laroche, in-8°.
2 francs.

9. Enseignement universel et traité complet de la méthode de M. Jacotot, rendue accessible à toutes les intelligences, ou Manuel pratique et normal dans lequel la méthode est explorée jusque dans les sources de la découverte, etc., par Durietz, 1829, in-8°, 4e édit. 3 fr. 50 c.

10. Simple exposé de la méthode naturelle selon Jacotot, et précis des divers exercices pratiqués par ses disciples pour apprendre la lecture, l'écriture, l'orthographe et la langue française, par M. Guillard, 44 pag. in-12. Se trouvent à la tête d'une édition très-soignée du Télémaque, publiée par Babeuf, à Lyon; et le *simple exposé* se vend séparément 1 fr. 75 cent.

11. Résumé de la méthode de M. Jacotot, par M. Souvestre, avocat, professeur à Nantes, in-8°.

12. De la méthode de M. Jacotot, par J. Rey, de Grenoble, in-8°, 4 feuilles.

13. Omnibus de la méthode Jacotot, in-18. 1 fr.

14. Abrégé de l'histoire sainte, en latin, en français, en hollandais, à l'usage des élèves de l'enseignement universel, par Wurth et Degeer (application très-détaillée à la grammaire latine), Liége, 1825, in-12.

15. Enseignement universel, Epitome de mathématiques, par M. F. Jacotot, avocat, 3e édition, in-8°, une feuille un quart, avec une planche. 75 c.

16. Epitome de mathématiques, par P. Choisnard. 25 c.

17. Cours simultané d'anglais et de français, ou nouvelle méthode prompte et facile basée sur celle de M. Jacotot, par Vanden-Bossche; à Paris, chez Baudry.

18. Cours de langue latine, par M. de Séprés, in-8°. 3 fr. 50 c.

19. Cours de langue française, par le même. 4 fr.

20. Instruction normale pour la lecture, l'écriture et le calcul, par le même. 1 fr. 25 cent.

21. Instruction normale pour la musique, par le même (1re partie). 1 fr. 25 c.

22. Instruction normale pour le dessin et la peinture, par le même. 2 fr.

23. Manière d'étudier les mathématiques, par le même. 1 fr.

24. Arithmétique, par le même. 1 fr.

25. L'enseignement universel mis à la portée de tous les pères de famille, par un disciple de J. Jacotot: 1re partie, lecture, écriture, langue maternelle; 2e partie, langues étrangères, dessin, peinture, droit, danse, émancipation intellectuelle: 3e partie (sous presse), musique, mathématiques, géographie, histoire, exercice militaire, etc. (chaque partie se vend séparément 4 fr.), à Paris, chez Dupont.

26. Résusé d'un cours normal d'enseignement universel appliqué à l'instruction primaire, professé devant MM. les instituteurs du canton de Mulhausen, par A. Penot, docteur ès-sciences, professeur de chimie appliquée, membre de plusieurs sociétés savantes; Strasbourg, Levrault, 1829.

27. Cours complet d'éducation d'après la méthode Jacotot, par une société de disciples du fondateur de cette méthode. Les parties qui composeront ce cours se vendront 75 c. — Lecture, écriture, langue maternelle, improvisation parlée, histoire, géographie, grammaire, mathématiques, peinture, dessin, musique, improvisation musicale, langues latine, grecque, anglaise, etc.

28. Enseig. univ. méth. Jacotot. Encyclopédie classique, ou résumé de rhétorique, d'histoire, de géographie, de philosophie, de mathématiques élémentaires, par Boutmy et Ponelle (c'est un frontispice qu'on a mis au *Memento complet des aspirans au baccalauréat ès-lettres*).

29. Méthode de Jacotot, appliquée à l'écriture, par A. H. d'Arbel, in-4°, de 100 pages environ, plus 36 modèles d'écriture anglaise. 5 fr.

30. Enseig. univ. Calligraphie pratique, composée d'une instruction et de huit modèles gradués d'écriture en fin, etc.; in-8° oblong. 1 fr. 20 c.

31. Méthode Jacotot appliquée à l'écriture américaine ou anglaise, et démontrée sans maître aux enfans et aux adultes, avec des questions à la fin de chaque leçon; in-8° oblong, de 2 feuilles et demie, plus 9 planches.

32. Leçons de lecture d'après l'enseignement universel de Jacotot, suivies d'un tableau de syllabaire mobile et de la manière d'enseigner la lecture, par Lambert, à Nantes; in-8° d'une feuille un quart.

33. Enseig. univ. Guide-pratique pour l'enseignement de la géographie, par H. A. d'Arbel aîné; in-18 d'une feuille et demie, avec trois cartes. 1 fr. 25 c.

34. Journal de l'émancipation intellectuelle, destiné aux pères de famille, rédigé par plusieurs disciples de J. Jacotot, et publié par F. Jacotot, avocat, et H. V. Jacotot, doct. méd., fils du fondateur; Louvain, 1829 (il paraît tous les mois un cahier de 40 pages in-8°). 14 francs pour la France.

35. Annales de l'enseignement universel, on Recueil périodique contenant les exercices relatifs à l'application de la méthode de M. Jacotot, et quelques exemples des résultats obtenus par ce nouveau mode d'enseignement, etc., publié par P. Y. de Séprés (depuis le 1ᵉʳ septembre 1829, il paraît tous les quinze jours un cahier de 24 à 28 pages d'impression). 18 fr. pour Paris, 20 fr. pour les départemens.

## 3°. *Ouvrages apologétiques et critiques.*

36. Rapport sur la méthode de M. Jacotot, présenté au ministère de l'intérieur du royaume des Pays-Bas, le 8 septembre 1826, par M. Kinker; Paris, 1829, in-8°. 75 cent.

37. Résultats de l'enseignement universel. 75 cent.

38. Rapport sur les résultats, l'esprit et l'influence morale et intellectuelle de la méthode de M. Jacotot, présenté à M. de Vatimesnil, ministre de l'instruction publique, le 5 août 1829, et dédié aux pères de famille, par F. M. Baudoin, avocat à la cour royale de Paris. 1 fr. 75 cent.

39. Rapport sur la méthode d'enseignement universel de M. Jacotot, extrait du bulletin de la société d'agriculture, belles-lettres, sciences et arts de Poitiers ; Poitiers, 1829.

40. Observations sur la méthode Jacotot, son origine, son esprit et son véritable mode, par M. Amondieu, professeur au collége royal de Nantes ; in-8°. 1 fr.

41. Lettre sur la méthode Jacotot, dite Enseignement universel, par M. le duc de Lévis ; in-8° de 5 feuilles ; Paris. 2 fr.

42. Examen critique et raisonné de l'enseignement dit universel, ou méthode Jacotot, etc., par M. Duriveau ; 2e édition, in-8° de 7 feuilles.

43. La Jacotomachie, ou le pour et le contre de la méthode Jacotot, et conclusions sur cette méthode, précis indispensable aux adeptes du fondateur, aux établissemens d'instruction publique, et aux pères de famille ; par Chompré, ancien professeur ; in-8°. 2 fr. 50 c.

44. L'homme machine, ou conséquences funestes de la méthode Jacotot, sur l'intelligence des enfans ; in-8°, chez Hachette. 75 c.

*Nota.* Le Lycée cite les ouvrages de MM. Voisin et Svan, dont je n'ai, d'ailleurs, aucune connaissance.

*A l'usage de l'Enseignement universel on a publié :*

*Epitome historiæ sacræ* de Lhomond, lat.-gr., par Jacotot fils.

*Idem*, par Chabouillé-Maisonneuve.

Télémaque, liv. 1, traduit en grec ancien, avec le texte en regard, par M. Léon Faucher, et revu par M. Mynas ; in-12, 2 feuilles et demie.

*Idem*, par E. Boutmy. 1 fr. 75 c.

*Idem*, en latin, par M. Chevreau, professeur ; in-12 ;
2 feuilles un tiers. 1 fr.

On sait d'ailleurs que le Télémaque a été traduit en entier
dans toutes les langues de l'Europe,

## FIN.

# TABLE.

## PREMIÈRE PARTIE.

### Exposition des principes de la Méthode.



## DEUXIÈME PARTIE.

### Application de la Méthode.

FIN DE LA TABLE.